电动汽车综合故障诊断

主　编　张树峰　蘧广景
副主编　逯翠香　逯芳芳　徐红举

北京理工大学出版社
BEIJING INSTITUTE OF TECHNOLOGY PRESS

版权专有　侵权必究

图书在版编目（CIP）数据

电动汽车综合故障诊断 / 张树峰，蓬广景主编. -- 北京：北京理工大学出版社，2023.7
ISBN 978-7-5763-2608-6

Ⅰ. ①电… Ⅱ. ①张… ②蓬… Ⅲ. ①电动汽车-故障诊断 Ⅳ. ①U469.72

中国国家版本馆 CIP 数据核字（2023）第 131349 号

出版发行 / 北京理工大学出版社有限责任公司		
社　　址 / 北京市海淀区中关村南大街 5 号		
邮　　编 / 100081		
电　　话 / （010）68914775（总编室）		
（010）82562903（教材售后服务热线）		
（010）68944723（其他图书服务热线）		
网　　址 / http://www.bitpress.com.cn		
经　　销 / 全国各地新华书店		
印　　刷 / 三河市天利华印刷装订有限公司		
开　　本 / 787 毫米×1092 毫米　1/16		
印　　张 / 14		责任编辑 / 多海鹏
字　　数 / 291 千字		文案编辑 / 多海鹏
版　　次 / 2023 年 7 月第 1 版　2023 年 7 月第 1 次印刷		责任校对 / 周瑞红
定　　价 / 69.00 元		责任印制 / 李志强

图书出现印装质量问题，请拨打售后服务热线，本社负责调换

前　言

为适应国家对汽车服务行业高素质劳动者和技术技能人才培养的需求，体现职业教育以立德树人为根本、服务发展为宗旨、促进就业为导向的育人理念，适应校企合作、工学结合人才培养模式改革及现代信息化教学改革需要，体现以赛促教、以赛促学的职教理念，旨在为汽车技术服务行业一线培养兼具理论知识与诊断技能的复合型人才，特组织部分教师共同编写了本书。

《电动汽车综合故障诊断》教材以全国职业院校技能大赛"汽车技术"赛项中"电动汽车技术"模块的竞赛思路为指引，注重理论与实践的结合，以实际故障案例为任务载体，思路分析与故障诊断排除相结合，既对大赛具有针对性的指导意义，又能克服大赛对学生影响面窄的缺点，切实达到以赛促教、以赛促学的目的。

同时教材对应课程内容开设在学生即将进入岗位实习阶段，通过本课程的学习为学生步入工作岗位打下坚实的基础。

本书共分为五个部分、八个项目，第一部分，项目一　比亚迪汽车电路识读，为整书故障案例的诊断排除打好基础；第二部分，项目二　中央门锁系统故障诊断，介绍了比亚迪电动汽车典型防盗系统原理，并以实际案例分析系统故障的诊断与排除；第三部分，主要为电动汽车整车高压无法上电故障的诊断与排除，包括项目三　动力模块初始化故障诊断（又可分为低压供电故障、动力模块自检故障两部分），项目四　整车通信线路故障诊断，项目五　高压互锁故障诊断，项目六　预充失败故障诊断；第四部分，项目七　车辆无法行驶故障诊断，围绕整车可以上电但是无法正常行驶故障的诊断与排除，从电动汽车动力输出控制原理出发，以加速踏板故障、真空压力传感器故障、挡位传感器故障等真实故障案例，详细介绍了此类故障的诊断排除过程；第五部分，项目八　无法充电故障诊断，以真实故障案例介绍了电动汽车无法交流慢充故障的诊断排除。每个项目，原理解析部分为故障案例诊断排除做好理论铺垫，然后以实际维修案例从故障现象认识、故障原因分析、故障诊断排除三方面讲述，理实一体，让学生体验真实维修案例的工作过程。

本书由济南工程职业技术学院张树峰、蓬广景担任主编，逯翠香、逯芳芳、徐红举

担任副主编。教材编写分工如下：前言、项目一由张树峰编写，项目二、项目三、项目四由蘧广景编写，项目五、项目六由逯翠香编写，项目七由逯芳芳编写，项目八由徐红举编写。

　　编写组参阅了大量比亚迪汽车的维修资料，并进行了实车验证，但由于经验有限，对车辆控制逻辑认知上难免存在一定的局限性，诊断测量步骤及数据等可能存在一定偏差，如果在使用过程中发现不妥和错误之处，恳请专家、读者予以批评指正。

编　者

目　录

项目一　比亚迪汽车电路识读 ………………………………………………… 001
　　任务　比亚迪汽车电路图的识读 ……………………………………… 003

项目二　中央门锁系统故障诊断 ……………………………………………… 017
　　任务 2.1　启动子网故障诊断 …………………………………………… 021
　　任务 2.2　钥匙控制模块 Keyless-ECU 供电故障诊断 ……………… 024
　　任务 2.3　保险 F2/6 故障诊断 ………………………………………… 027

项目三　动力模块初始化故障诊断 …………………………………………… 029
　　任务 3.1　制动开关故障诊断 …………………………………………… 033
　　任务 3.2　起动按钮故障诊断 …………………………………………… 036
　　任务 3.3　IG3 继电器控制线路故障诊断 ……………………………… 039
　　任务 3.4　VCU 供电故障诊断 ………………………………………… 044
　　任务 3.5　BMS 的常电故障诊断 ……………………………………… 047
　　任务 3.6　充配电总成供电故障诊断 …………………………………… 050
　　任务 3.7　电机控制器供电故障诊断 …………………………………… 053

项目四　整车通信线路故障诊断 ……………………………………………… 057
　　任务 4.1　网关控制器供电故障诊断 …………………………………… 061
　　任务 4.2　动力电池电池子网故障诊断 ………………………………… 064
　　任务 4.3　舒适 CAN 故障诊断 ………………………………………… 067

项目五　高压互锁故障诊断 …………………………………………………… 075
　　任务　高压互锁故障诊断 ……………………………………………… 078

项目六　预充失败故障诊断 …………………………………………………… 083
　　任务 6.1　BMS 的主负接触器控制故障诊断 ………………………… 088

　　　　任务 6.2　BMS 的预充接触器控制故障诊断 ·· 091

　　　　任务 6.3　BMS 的 IG3 供电故障诊断 ·· 094

项目七　车辆无法行驶故障诊断 ·· 099

　　　　任务 7.1　加速踏板故障诊断 ··· 102

　　　　任务 7.2　真空压力传感器故障诊断 ··· 105

　　　　任务 7.3　制动开关信号故障诊断 ··· 108

　　　　任务 7.4　挡位传感器故障诊断 ·· 112

项目八　无法充电故障诊断 ··· 115

　　　　任务 8.1　充电枪连接 CC 信号故障诊断 ·· 121

　　　　任务 8.2　充电连接信号 CP 故障诊断 ·· 124

任务工单 ·· 129

项目一

比亚迪汽车电路识读

任务描述

某顾客的一辆比亚迪 E5 电动汽车，出现起动车辆，"OK"灯不亮，车辆无法行驶故障，经师傅初步诊断为 IG3 继电器损坏故障，请根据电路图，在实车上找到 IG3 继电器，并正确更换损坏继电器。

素质目标

（1）严格执行汽车检修规范，养成严谨、科学的工作态度。
（2）能主动获取信息，养成团结协作精神。
（3）严格执行 5S 现场管理。

知识要求

（1）掌握汽车电路原理图的识读方法。
（2）掌握比亚迪汽车电路图的特点。

技能要求

（1）能简单分析比亚迪汽车电气原理图中某一系统的电路连接关系及电路走向。
（2）能在比亚迪汽车实车上进行电气元件识别。

项目一 比亚迪汽车电路识读

任务　比亚迪汽车电路图的识读

原理分析

由于现代汽车大量应用电子控制技术,使汽车电路越来越复杂。同时,由于不同国家、不同生产厂家在汽车电路原理图的画法上存在一定差异,因此,给电路识图带来许多困难。然而,正确识读汽车电气原理图是分析电路原理、诊断和排除故障的基础,正确掌握汽车电路图识读的方法是十分重要的。通过本任务的学习能够掌握电路图的识读原则,并能根据识读方法分析比亚迪汽车的电路图。

汽车电气原理图是专业性相对较强的电路文件,想要快速准确地读懂汽车电气原理图,就需要很好地把握汽车电路的表达方式,理解电路的组成结构,熟悉电路的配线规律,分清电路图的组成部分,掌握读图的技巧与方法。

一、汽车电路的表达方法

1. 由集中到分散

汽车电路的特点之一就是采用了并联单线制的接法,也就意味着局部电路和局部电路之间相互独立(各系独立),因此,汽车电路图识读的第一步就是要将局部电路从全车电路中分离出来。

2. 汽车电路配线的基本规律

汽车电器线束连接三大中心,分别为中央配线盒、仪表接线盒和开关。中央配线盒(保险与继电器盒)是所有电器的电源来源。仪表接线盒几乎是所有电器电源的目的地。开关不但是线束的中心还是各局部电路的控制核心,开关的功能反映了局部电路的主要功能。因此电路分析要抓住开关的核心作用。

3. 控制对象的回路

电路读图的目的是找出正确的回路,确定回路中的导线、插座、保险、继电器及各种元件,从而分析故障点;控制对象的回路电流由正极到负极、由电源到搭铁点。规范的汽车电路原理图自上而下布置。继电器电路要分别分析控制回路和开关回路。

二、汽车电路图的识读原则和方法

1. 善于化整为零

一般情况下一个完整的电路图很复杂,化整体为部分,可以有重点地进行分析,并且

各个单元电路又有其自身的一些特点，以其自身的特点为指导去分析电路就会减少一些盲目性。例如，汽车电路按功能分一般由电源系统、起动系统、点火系统、照明及信号系统、仪表与警告系统、空调系统、音响系统以及附属系统八大系统组成，我们在分析电路时将每个系统独立分析，即可很容易读懂。

2. 仔细阅读图注

对照图注熟悉元器件的名称、位置、在全车电路中的数量、接线多少，哪些是常见元器件，哪些是新颖、独特、复杂的元器件。只要认真阅读，就可以初步了解电路特点，同时也能较快地发现整车电路的重点与难点，有利于在读图中抓住重点。

3. 熟悉电气元件及配线

清楚该部分电路所包含的电气设备种类，在分析某个电路系统时，要清楚该电路中所包括的各部件的功能、作用和技术参数等。

现代汽车的线路如同人的神经一样分布在各个区域，其复杂程度与日俱增，而线路中的配线插接器、接线盒、继电器、接地点等如同神经的"节点"。所以熟悉这些电气元件在电路图中的表示符号、位置、连接方式、内部电路，对阅读汽车电路图有很大帮助。因此，在阅读接线图时，要正确判断接点标记、线型和色码标志。需要指出的是标记颜色的字母因语言不同而有区别，美国、日本及我国采用英文字母，德国采用德语字母，俄罗斯采用俄语字母。

4. 注意开关和继电器

开关是控制电路通断的关键。我们通常按操纵开关的功能及不同的工作状态来分析电路的工作原理。如低压系统供电，点火开关应处于起动挡。在标准画法的电路图中，开关总是处于零位，即开关处于断开状态，电子开关的状态则视具体情形而定（这里所说的电子开关主要包括晶体管及晶闸管等具有开关特性的电子元件）。

现代汽车电路中经常采用各种继电器对一些复杂的电路进行控制。了解继电器的工作状态，特别是一些电子继电器的工作状态，对分析电路有很大的帮助。阅读电路图时，可以把含有线圈和触点的继电器看成是由线圈工作的控制电路和触点工作的主电路两部分组成。主电路中的触点只有在线圈电路中有工作电流流过后才能动作。一般电路图中，所画的继电器线圈处于失电状态。

5. 牢记回路原则

在阅读电路图时，应掌握回路原则，即电路中的工作电流由电源正极流出，经用电设备后流回电源负极；电路中只有当电流流过用电设备时，用电设备才能工作，其关键在于通过查看电源线和搭铁线，了解一个电路的基本构成，根据回路原则看哪些元件共用一根线，以找出电路的内在联系和规律。

6. 抓住汽车电路的几条主干线

因为汽车电路有单线制、电器相互并联、负极搭铁这样一个共性，加上某些电器开关在电路中的控制作用，一般可以分成几条主干线，在每条主干线上都接有相应的支路熔断器及支路用电器，抓住这几条主干线，对于查找电路常有事半功倍的效果。

三、比亚迪汽车的电路图的识读

1. 比亚迪汽车电路图的特点

比亚迪汽车电路图中的线束零部件明细编号规则参照 BYDXS-SG-001—2008 中的要求。

比亚迪汽车电路图中接插件的命名、配电盒接口的命名及电路维修图中保险丝、继电器等回路元素编码规则参照 BYDXS-SG-001—2008 中的要求。

比亚迪汽车电路图中接插件的孔位按照比亚迪汽车工程研究院电器部线束科默认的数法原则来定义，但对于特殊接插件的孔位定义规则则参照 BYDXS-SG-001—2008 中的要求。

比亚迪电路图中的电路维修除电路图外，还包括用电器接地网络图。

比亚迪电路图中的线色说明见表 1-1。

表 1-1　线色标准

代码	B	L	Br	G	Gr	Lg	O	P	R	V	W	Y
颜色	黑	蓝	棕	绿	灰	浅绿	橙黄	粉红	红	紫	白	黄

2. 电路图中元素识别

比亚迪汽车电路原理图中的元素包括接插件、保险丝、继电器、导线及用电设备，如图 1-1 所示。

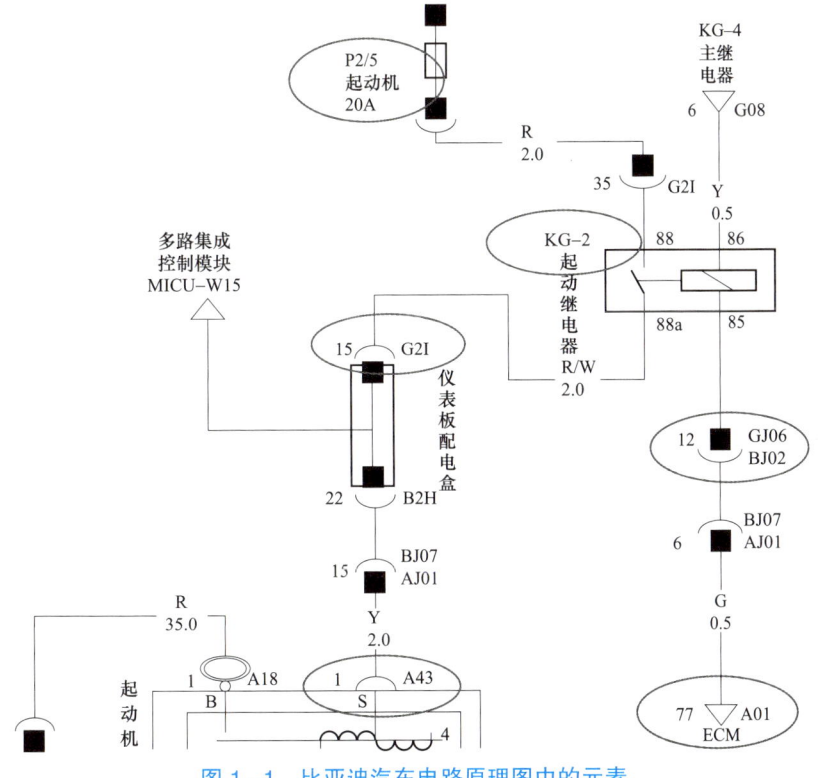

图 1-1　比亚迪汽车电路原理图中的元素

1）接插件编码规则

接插件主要由3部分组成，分为3种类型，如图1-2所示。

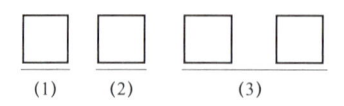

第一位 位置	第二位 类别	第三位 排序
线束代码（字母）	线束对接编号J	接插件编号（数字）
	空	
	配电盒代码	配电盒端口（字母）

图1-2 比亚迪汽车接插件编码

（1）位置编码，也就是线束代码：用A、B、C、G、K、…表示，该位取决于该回路元素所属线束的位置，对应关系参照表1-2。

表1-2 位置编码

线束名称	装配位置	编码	备注
发动机线束Ⅰ	发动机	A	如有多条，采用Ab、Ac、Ad等
发动机线束Ⅱ	前舱	Ab	如有多条，采用Ab、Ac、Ad等（S6）
前舱线束	前舱	B	如有多条，采用Ba、Bc、Bd等
前横梁线束	前横梁	C	如有多条，采用Ca、Cb、Cd等
前保险杠线束	前保险杠	D	如有多条，采用Da、Db、Dc等
蓄电池负极线	蓄电池	Ea	—
蓄电池正极线	蓄电池	Eb	—

（2）类别编码：采用1、2、…或者大写字母"J"表示，分为以下三种情况：

① 该回路元素如果是配电盒上的接插件，则此位代码采用序号1、2、3、…表示，配电盒编码见表1-3。

表1-3 配电盒编码

配电盒名称	编码
前舱配电盒Ⅰ	1
仪表板配电盒Ⅰ	2
前舱配电盒Ⅱ	3

续表

配电盒名称	编码
仪表板配电盒Ⅱ	4
正极配电盒Ⅰ	5
正极配电盒Ⅱ	8

② 该回路元素如果是线束间的对接接插件，则此位代码采用字母"J"表示。

③ 该回路元素如果是接车用电器模块的接插件、继电器座，则此位为空。

（3）排序编码：用大写字母 A、B、C、D、E、F、…或 01、02、03、04、05、…表示，分为以下两种情况：

① 该回路元素如果是配电盒上的接插件，则此位代码用 A、B、C、D、E、F、…表示，该位与接插件所插配电盒的插口位置代号一致。

② 其他回路元素按所在线束的空间位置依次编号为 01、02、03、04、05、…。

举例：

仪表板线束上接电器件的接插件：G05。

仪表板线束上的对接接插件：GJ01。

仪表板线束上接配电盒的接插件：G2A。

2）接插件针脚识别

接插件自锁方向朝上；接插件插头引脚按从左到右、从上到下进行编号；接插件插座引脚按从右到左、从上到下进行编号，如图 1-3 所示。

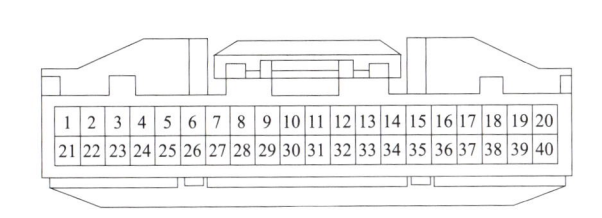

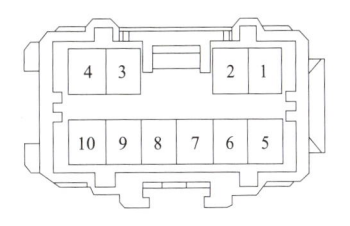

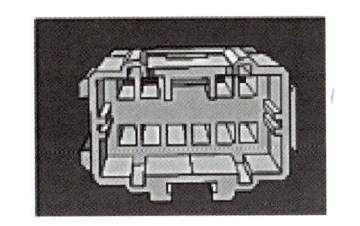

图 1-3　接插件针脚识别

3）接插件导线识别

接插件的导线主要有标准线、双绞线和屏蔽线三种，识别方法见表 1-4。

表 1-4 导线的识别

线束类型	作用	图例	电路图中标示
标准线	用于一般情况的导线连接,无须屏蔽要求		R/Y 1.25
双绞线	在低频情况下,双绞线可以靠自身来抗拒外来干扰及相互之间的串音,比如低速 CAN、扬声器		
屏蔽线	能够将辐射降低在一个范围内,或者防止辐射进入导线内部,造成信号干扰,比如音频信号线(屏蔽网接地)		

标注电线颜色时,一般用表 1-5 中所示的字母来表达。

表 1-5 导线的颜色标注

记号	颜色	色	记号	颜色	色
W	WHITE	白色	Br	BROWN	棕色
Y	YELLOW	黄色	B	BLACK	黑色
O	ORANGE	橙色	Lg	LIGHT GREEN	淡绿色
L	BLUE	蓝色	G	GREEN	绿色
P	PINK	粉红色	Gr	GRAY	灰色
R	RED	红色	V	VIORET	紫色
Sb	SKY BLUE	天蓝色	—	丝图线的金属线	—

双色导线的线色标注如图 1-4 所示,其主色为蓝色、辅色为黄色,所以标记为"L/Y"。

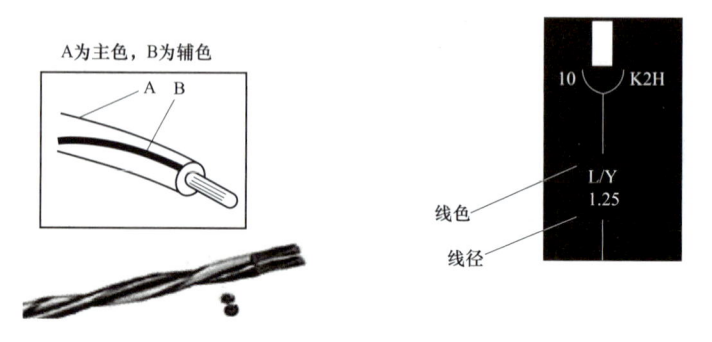

图 1-4 双色导线的线色标注

4）保险丝编号规则

保险丝主要由4部分组成，如图1-5所示。

|（1）|（2）|（3）|（4）|
|类别|位置|分隔|排序|

图1-5 保险丝编码

（1）类别代码：统一采用F表示。
（2）位置代码：配电盒处用数字表示；外挂保险丝与接插件编码相同。
（3）分隔代码：用"/"表示。
（4）排序代码：用1、2、3、…表示，按照配电盒保险丝插槽的顺序号进行排列。

举例：

前舱配电盒附配的保险丝按相应位置编号为F1/1、F1/2、…。
仪表板配电盒Ⅰ附配的保险丝按相应位置编号为F2/1、F2/2、…。
仪表板配电盒Ⅱ附配的保险丝按相应位置编号为F4/1、F4/2、…。
正极配电盒Ⅰ附配的保险丝按相应位置编号为F5/1、F5/2、…。
正极配电盒Ⅱ附配的保险丝按相应位置编号为F8/1、F8/2、…。
地板线束外挂保险丝按相应位置编号为FX/1、FX/2、…。

5）继电器编号规则

继电器主要由4部分组成，如图1-6所示。

|（1）|（2）|（3）|（4）|
|类别|位置|分隔|排序|

图1-6 继电器编码

（1）类别代码：元器件内置不可拆卸继电器的用KI表示，其余用K表示。
（2）位置代码：配电盒处用数字表示；外挂保险丝与接插件编码相同。
（3）分隔代码：用"—"表示。
（4）排序代码：用1、2、3、…表示。

举例：

前舱配电盒附配的继电器按相应位置编号为K1-1、K1-2、…。
仪表板配电盒Ⅰ附配的继电器按相应位置编号为K2-1、K2-2、…。
前舱配电盒Ⅱ附配的继电器按相应位置编号为K3-1、K3-2、…。
仪表板配电盒Ⅱ附配的继电器按相应位置编号为K4-1、K4-2、…。
外挂继电器编号与对应的线束相匹配，如KG-1、KG-2、…、KC1-1、KC2-1、…、KX-1。
控制模块内部不可拆卸继电器按相应顺序编号为KI1-1、KI1-2、…。

四、比亚迪 E5 电路元件实车识别

低压电器布局如图 1-7 所示。

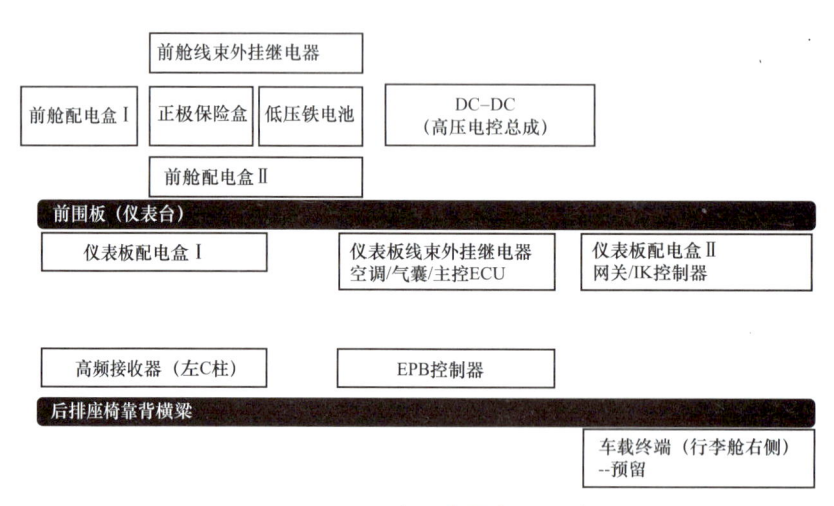

图 1-7 低压电器布局

1. 前舱

前舱电气元件位置分布如图 1-8 所示。

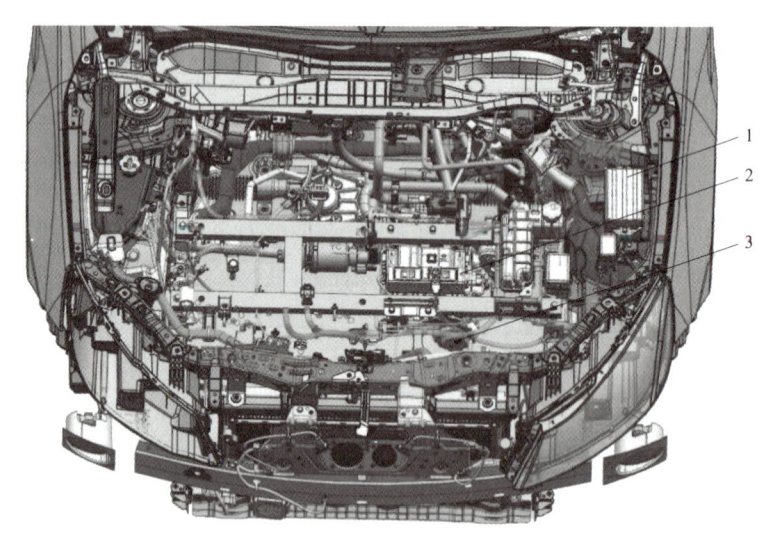

图 1-8 前舱电气元件位置分布
1—前舱配电盒；2—PTC；3—电动压缩机

2. 驾驶室

驾驶室电气元件位置分布如图 1-9 所示。

图 1-9 驾驶室电气元件位置分布

1—仪表板配电盒；2—SRS；3—空调ECU；4—网关；5—I-KEY ECU；6—高频接收模块

3. 仪表板配电盒及仪表外挂继电器

仪表板配电盒及仪表外挂继电器位置分布如图 1-10 所示。

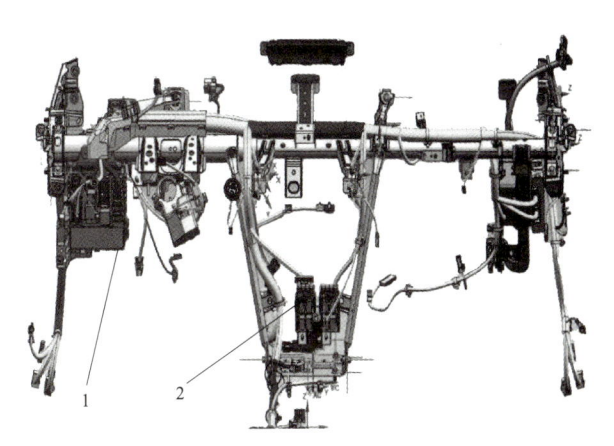

图 1-10 仪表板配电盒及仪表外挂继电器位置分布

1—仪表板配电盒；2—仪表外挂继电器

仪表板配电盒接插件及保险丝、继电器编号分别如图 1-11 和图 1-12 所示。

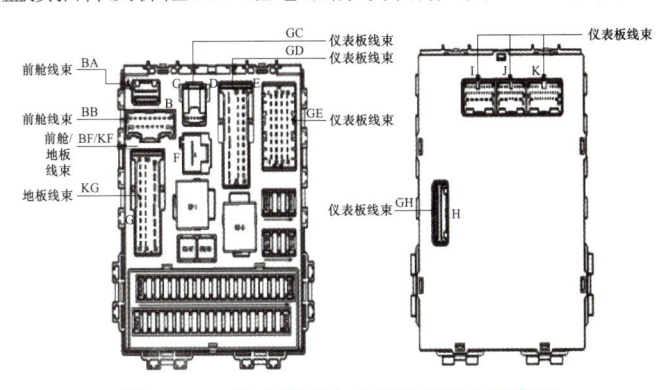

图 1-11 仪表板配电盒接插件编号示意图

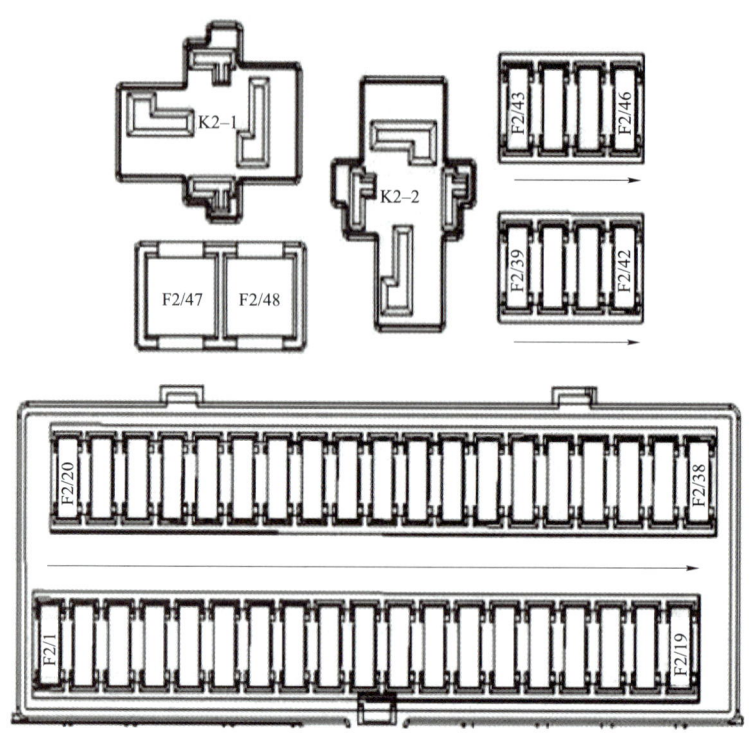

图 1-12　仪表板配电盒保险丝、继电器编号示意图

仪表板配电盒保险丝、继电器规格如图 1-13 所示。

编号	F2/1	F2/2	F2/3	F2/4	F2/5	F2/6	F2/7	F2/8	F2/9	F2/10	F2/11	F2/12	F2/13
规格	20 A	20 A	—	10 A	10 A	25 A	5 A	30 A	10 A	5 A	7.5 A	—	7.5 A
说明	左后车窗	右前车窗	预留	转向灯	外后视镜	门锁	预留 IG1	ACC 电	小灯/门灯	BCM	预留	预留	制动灯

编号	F2/14	F2/15	F2/16	F2/17	F2/18	F2/19	F2/20	F2/21	F2/22	F2/23	F2/24	F2/25	F2/26
规格	—	10 A	7.5 A	5 A	10 A	15 A	20 A	25 A	5 A	—	10 A	7.5 A	10 A
说明	预留	后雾灯/倒车灯充电枪锁	前舱 IG1	ABS/ESP	模块 ACC	点烟器	备用	备用	胎压监测	预留	右后车窗	备用	备用

编号	F2/27	F2/28	F2/29	F2/30	F2/31	F2/32	F2/33	F2/34	F2/35	F2/36	F2/37	F2/38	F2/39
规格	15 A	5 A	15 A	—	—	—	15 A	20 A	7.5 A	15 A	—	5 A	20 A
说明	备用	EPB ECU	SRS	预留	预留	预留	模块 IG1	出租车设备	C-EPS	多媒体	预留	告警灯	左前车窗

编号	F2/40	F2/41	F2/42	F2/43	F2/44	F2/45	F2/46	F2/47	F2/48
规格	20 A	15 A	7.5 A	—	—	10 A	5 A	30 A	30 A
说明	预留常电	DLC	模块常电	预留	预留	室内灯	网关、I-KEY	左 EPB	右 EPB

编号	K2-1	K2-2
规格	70 A	70 A
说明	电动车窗继电器	IG1 继电器

图 1-13　仪表板配电盒保险丝、继电器规格

4. 前舱配电盒

前舱配电盒位置分布如图1-14所示。

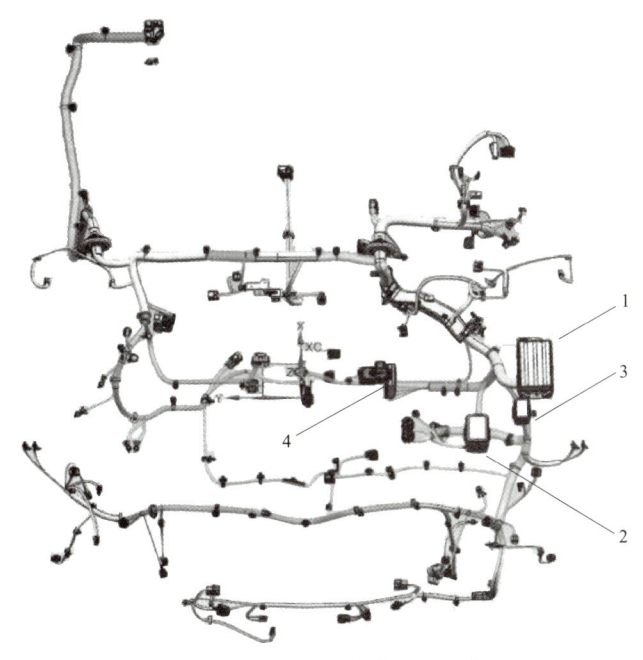

图1-14 前舱配电盒位置分布

1—前舱配电盒Ⅰ；2—前舱配电盒Ⅱ；3—前舱配电盒Ⅲ；4—正极保险盒

前舱配电盒Ⅰ保险丝、继电器的编号及规格分别如图1-15和图1-16所示。

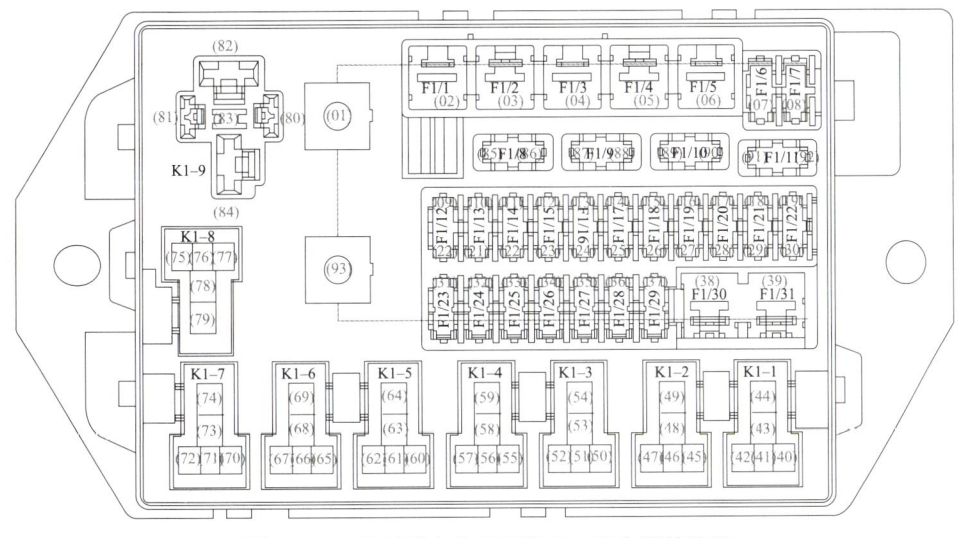

图1-15 前舱配电盒Ⅰ保险丝、继电器的编号

前舱配电盒Ⅱ保险丝、继电器编号及规格分别如图1-17和图1-18所示。

编号	F1/1	F1/2	F1/3	F1/4	F1/5	F1/6	F1/7	F1/8	F1/9	F1/10	F1/11	F1/12	F1/13
规格	40 A	40 A	40 A	20 A	40 A	10 A	10 A	10 A	15 A	15 A	20A	15 A	15 A
说明	鼓风机	后除霜	前大灯	预留	电动真空泵	充配电总成	BMS	备用	备用	备用	备用	右远光灯	左远光灯

编号	F1/14	F1/15	F1/16	F1/17	F1/18	F1/19	F1/20	F1/21	F1/22	F1/23	F1/24	F1/25	F1/26
规格	15 A	15 A	—	—	10 A	10 A	10 A	10 A	—	15 A	15 A	15 A	15 A
说明	右近光灯	左近光灯	预留	预留	电控	模块IG3	模块IG4	电池冷却水泵	预留	IG3	IG4	空调水泵	喇叭

编号	F1/27	F1/28	F1/29	F1/30	F1/31
规格	10 A	30 A	15 A	25 A	40 A
说明	报警器	雨刮	前洗涤	ABS/ESP	ABS/ESP

编号	K1-1	K1-2	K1-3	K1-4	K1-5	K1-6	K1-7	K1-8	K1-9
规格	35 A	35 A	35 A	35 A	35 A	35 A	35 A	35 A	40 A
说明	前洗涤继电器	雨刮速度继电器	雨刮开关继电器	IG4继电器	IG3继电器	近光灯继电器	远光灯继电器	后除霜继电器	鼓风机继电器

图 1-16 前舱配电盒 I 保险丝、继电器规格

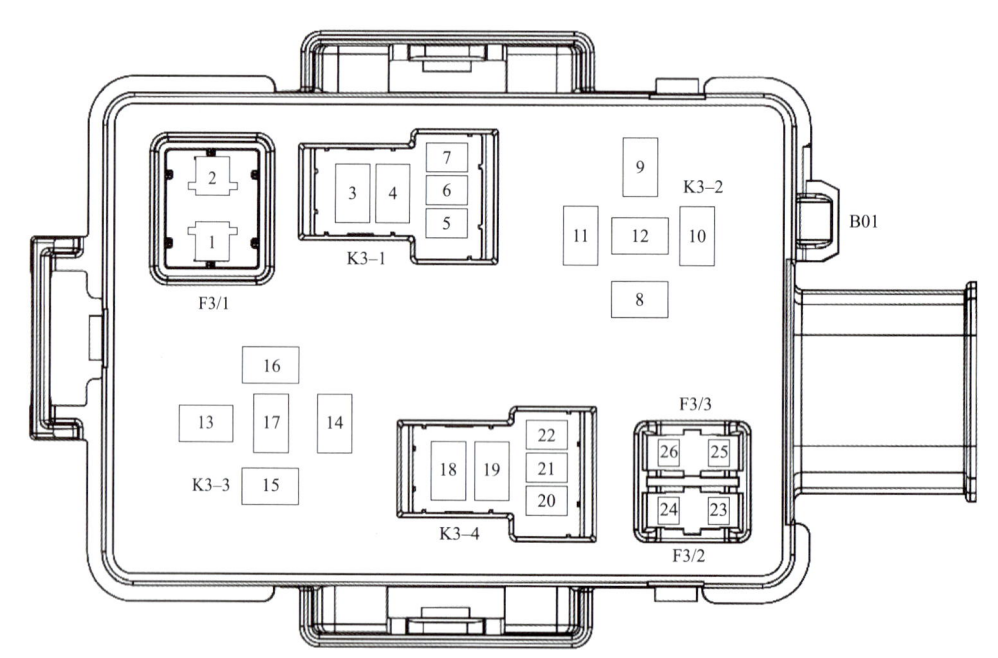

图 1-17 前舱配电盒 II 保险丝、继电器编号

编号	K3-1	K3-2	K3-3	K3-4
规格	MICRO	固态	固态	MICRO
说明	预留继电器	电动真空泵继电器	电动真空泵继电器	空调水泵继电器

编号	F3/1	F3/2	F3/3
规格	—	—	5 A
说明	预留	预留	EVP检测

图 1-18 前舱配电盒 II 保险丝、继电器规格

图 1-19 所示为前舱配电盒Ⅲ保险丝、继电器编号示意图及规格。

图 1-19 前舱配电盒Ⅲ保险丝、继电器编号示意图及规格

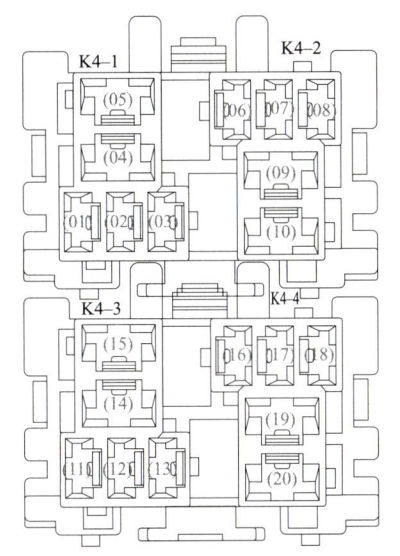

编号	K4-1	K4-2	K4-3	K4-4
规格	—	—	MICRO	MICRO
说明	预留	预留	喇叭继电器	报警器继电器

前舱正极保险盒如图 1-20 所示。

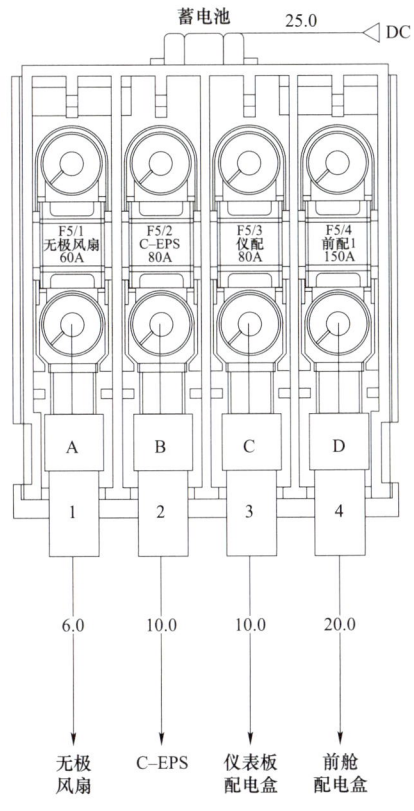

编号	F5/1	F5/2	F5/3	F5/4
规格	60 A	80 A	80 A	150 A
说明	无极风扇	C-EPS	仪表板配电盒	前舱配电盒

图 1-20 前舱正极保险盒

015

项目二
中央门锁系统故障诊断

任务描述

一辆比亚迪 E5 汽车，顾客反映中央门锁工作不正常，请检查此现象并对故障进行维修。

素质目标

（1）严格按照操作规程进行故障诊断与排除，树立良好的安全文明操作意识；
（2）通过完成中央门锁工作异常的故障诊断，培养学生严谨、细致、耐心、踏实的工作作风。

知识目标

（1）了解电动汽车解、闭锁的方式；
（2）掌握电动汽车中央门锁的工作原理；
（3）掌握电动汽车中央门锁工作异常的故障诊断方法。

能力目标

（1）能正确使用诊断设备；
（2）能正确使用示波器进行门锁工作波形的测量；
（3）能独立排除中央门锁工作异常的故障。

原理解析

比亚迪 E5 中央门锁的解、闭锁方式有以下几种：一是可以通过车门把手上的微动开关解锁或闭锁；二是可以通过遥控进行解、闭锁；三是可以通过车内门锁按钮进行解、闭锁；四是可以通过机械钥匙解、闭锁。其中央门锁的控制原理如图 2-1 所示。

（1）车门把手微动开关（见图 2-2）解、闭锁。当按下车门把手微动开关时，信号传递给智能钥匙控制模块 Keyless-ECU，于是智能钥匙控制模块通过车外天线发出低频信号寻找钥匙。已授权的钥匙识别到此信号后，向智能钥匙控制模块返回一个高频信号应答数据,智能钥匙控制模块通过比对此数据判断钥匙是否为授权钥匙,如果是授权钥匙,则智能钥匙控制模块通过启动子网 CAN 总线向车身控制单元 BCM 发送解锁指令,车身控制单元 BCM 控制相应的门锁电动机解锁,实现解锁过程。

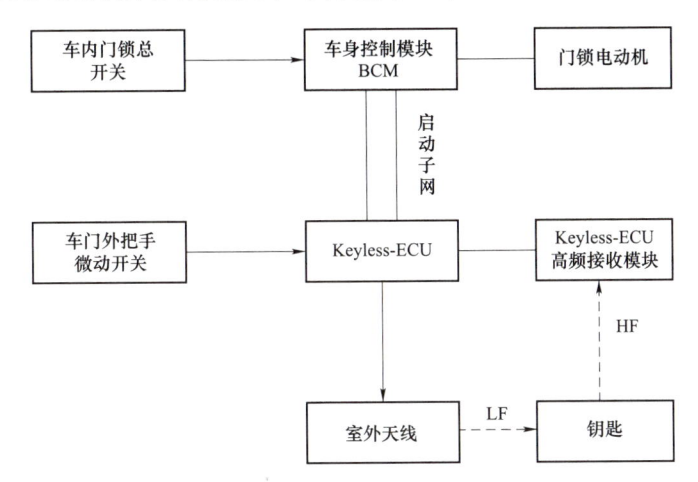

图 2-1 比亚迪 E5 中央门锁控制原理

当闭锁时,驾驶员按下微动开关,闭锁的过程和解锁过程一致。

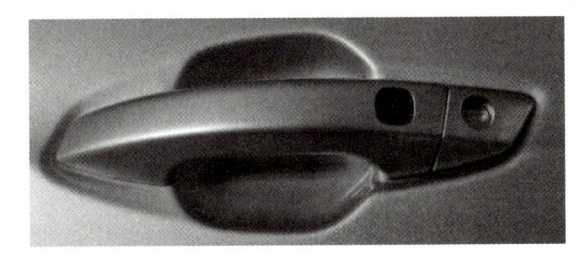

图 2-2 微动开关

(2)遥控进行解、闭锁。比亚迪 E5 遥控器如图 2-3 所示,当驾驶员操作遥控钥匙进行解锁时,按压遥控器上的解锁按钮,此时,遥控器向智能钥匙控制模块发出一高频信号,此信号由智能钥匙控制模块的高频天线接收。智能钥匙控制模块通过比对此数据判断钥匙是否为授权钥匙,如果是授权钥匙,则智能钥匙控制模块通过启动子网 CAN 总线向车身控制单元 BCM 发送解锁指令,车身控制单元 BCM 控制相应的门锁电动机解锁,实现解锁过程。

当闭锁时,驾驶员操作遥控钥匙进行闭锁,闭锁过程和解锁过程一致。

(3)按下车内门锁按钮解、闭锁。如图 2-4 所示,按下车内门锁按钮后,发送解、闭锁请求信号给 BCM,BCM 接收并处理开关信号,驱动相应的门锁电动机解、闭锁。

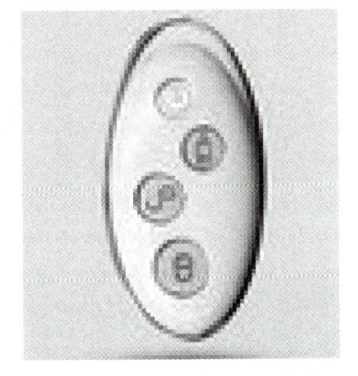

图 2-3 比亚迪 E5 遥控器

图 2-4 车内门锁按钮

（4）用机械钥匙解、闭锁。如图 2-5 所示，用机械钥匙开车门时，钥匙锁芯开关发送解、闭锁请求信号给 BCM，BCM 接收并处理开关信号，驱动相应的门锁电动机解、闭锁。

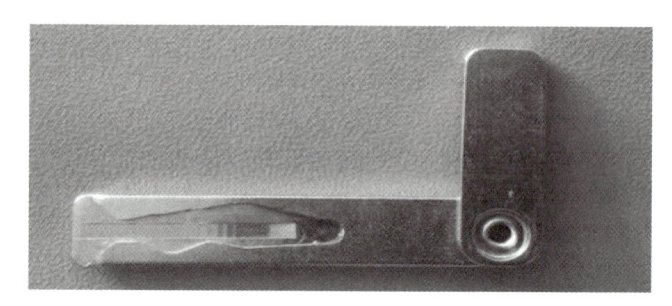

图 2-5 机械钥匙

项目二
中央门锁系统故障诊断

任务 2.1　启动子网故障诊断

一、故障现象

（1）按下遥控器解锁按钮，所有车门均无法解锁，且转向灯也不闪烁。
（2）按下车门把手微动开关，所有车门也无法解锁但钥匙灯闪烁。
（3）用机械钥匙开锁进入车内，踩下制动踏板并按下点火开关，钥匙指示灯不闪烁，低压不上电，仪表上的钥匙故障指示灯点亮，同时仪表文本提示"未检测到钥匙"，如图 2-6 所示，且应急启动也失效。

图 2-6　仪表状态

（4）按下车内门锁按钮可以解、闭锁。

二、故障诊断与排除

1. 故障分析

由于按下车门把手微动开关，钥匙灯闪烁，说明智能钥匙控制模块接收到了微动开关的信号且由天线发送了低频信号，钥匙向智能钥匙控制模块反馈了高频信号。

又因为车内门锁按钮可以正常解、闭锁，故说明车身控制模块可以正常控制门锁电动机的工作。

因此，其故障原因可能有以下几点：
（1）智能钥匙控制模块局部故障。
（2）车身控制模块局部故障。
（3）智能钥匙控制模块与车身控制模块通信故障（启动子网 CAN 总线故障）。

2. 故障诊断与过程

（1）连接诊断仪，读取故障码。
进入车身控制系统，读取到故障码：U021487，与智能钥匙失去通信，如图 2-7 所示。

图 2-7　诊断仪读取故障码

（2）CAN 总线波形测量。

根据故障分析，首先测量启动子网 CAN 总线波形。Keyless-ECU 启动子网电路如图 2-8 所示。

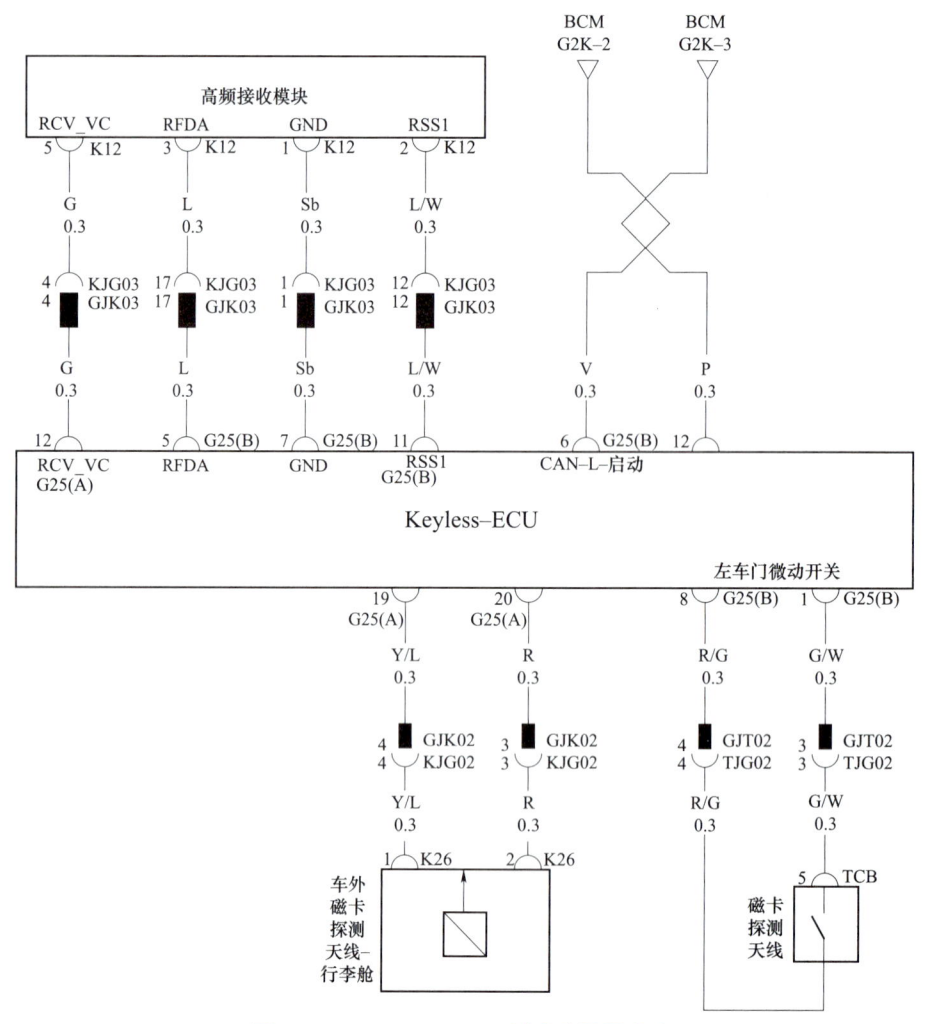

图 2-8　Keyless-ECU 侧启动子网电路

交替按下遥控器解、闭锁按钮，用示波器分别测量智能钥匙控制模块 G25（B）6、G25（B）12 针脚的对地波形，检测波形如图 2-9 所示，异常。

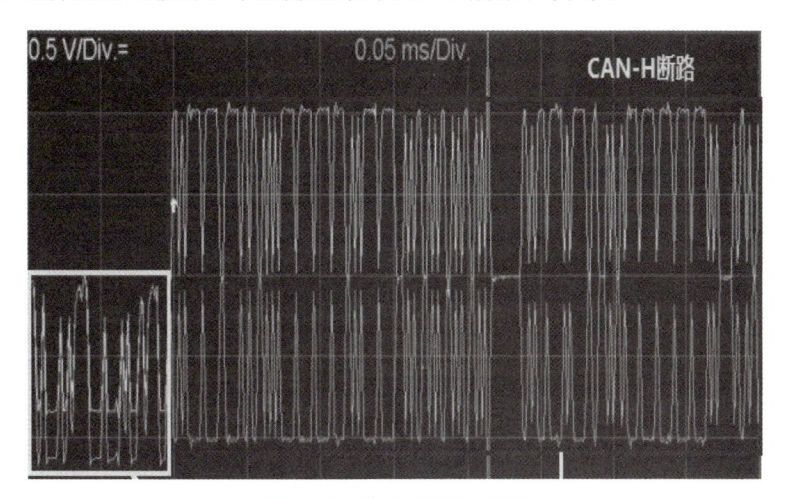

图 2-9 示波器检测波形

根据波形判断故障应为启动子网 CAN-H 断路。

（3）测量启动子网 CAN-H 线路电阻。

断开蓄电池负极，用万用表测量智能钥匙控制模块 G25(B)12 与车身控制模块 G2K-3 之间的线路电阻，结果为无穷大，线路断路。

3. 诊断结论

启动子网 CAN 总线的 CAN-H 断路，修复后故障排除。

任务 2.2　钥匙控制模块 Keyless-ECU 供电故障诊断

一、故障现象

（1）按下遥控器解锁按钮，所有车门均无法解锁，且转向灯也不闪烁。

（2）按下车门把手微动开关，所有车门均无法解锁，钥匙灯也不闪烁。

（3）用机械钥匙开锁进入车内，踩下制动踏板，按下点火开关，钥匙灯不闪烁，仪表文本显示"未检测到钥匙"，如图 2-10 所示。

图 2-10　仪表状态

（4）按下车内门锁按钮可以解、闭锁。

二、故障诊断与排除

1. 故障分析

由于车内门锁按钮可以正常解、闭锁，故说明车身控制模块可以正常控制门锁电动机的工作。

又因为按下车门把手微动开关和点火开关，钥匙灯均不闪烁，故微动开关、点火开关同时损坏以及室外天线、室内天线同时损坏的概率很小。

因此故障原因可能有以下几点：

（1）智能钥匙控制模块本身故障。

（2）智能钥匙控制模块供电故障、搭铁故障。

2. 故障诊断与过程

（1）连接诊断仪，读取故障码。进入车身控制系统，读取到故障码：U021487，与智能钥匙失去通信，如图 2-11 所示。

（2）钥匙控制模块供电检查。

根据故障分析，首先测量智能钥匙控制模块供电、搭铁，电路图如图 2-12 所示。用

项目二
中央门锁系统故障诊断

图 2-11 诊断仪读取故障码

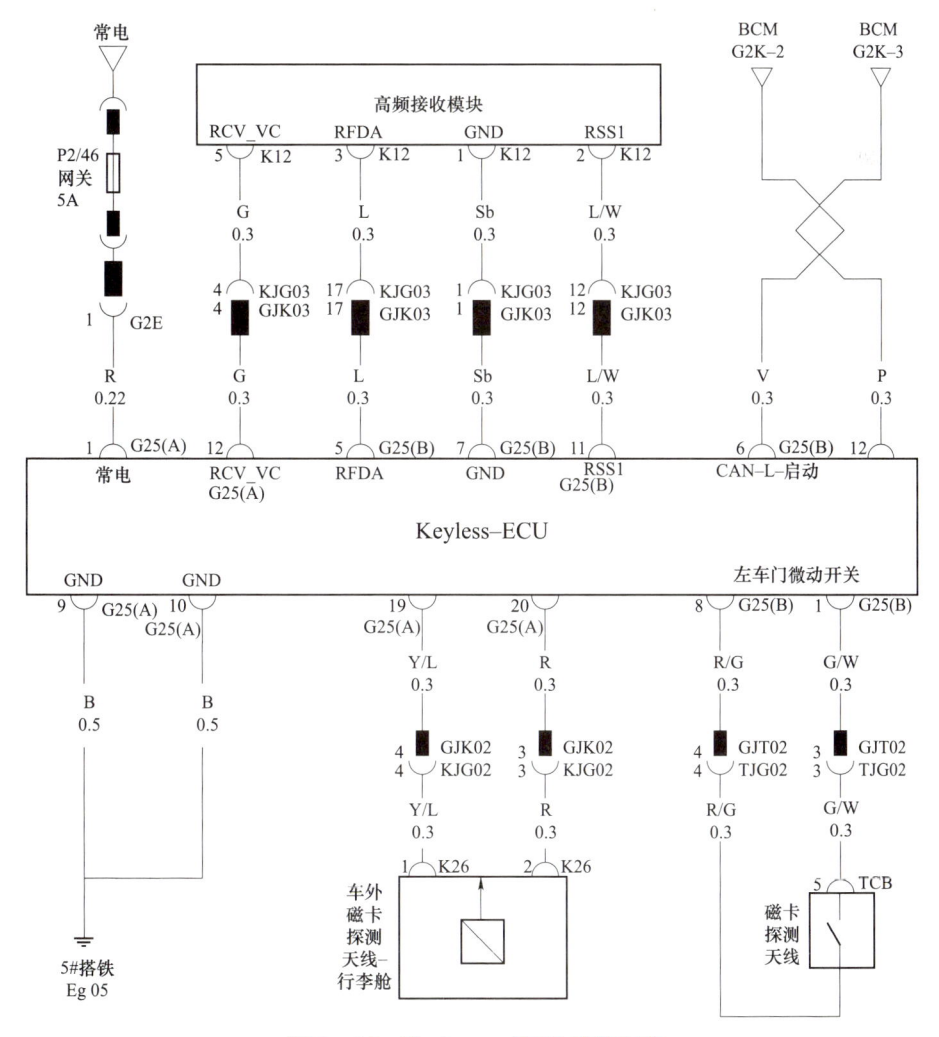

图 2-12 KeyLess-ECU 部分电路

025

万用表测量智能钥匙控制模块供电端子 G25（A）1 及搭铁端子 G25（A）9、G25（A）10 的对地电压（任意条件下测量），测量发现供电端子 G25（A）1、搭铁端子 G25（A）9、G25（A）10 的对地电压均为 0 V，说明搭铁正常，供电异常。

由于保险 F2/46 是智能钥匙控制模块供电端子 G25（A）1 的上游供电，故下一步测量保险 F2/46。

（3）保险 F2/46 输入、输出电压测量。

用万用表测得 F2/46 的输入电压为 +B，输出电压为 0 V，异常。

（4）保险 F2/46 电阻测量

断开蓄电池负极，拔下保险 F2/46，测量电阻为无穷大，说明保险断路。

3. 诊断结论

由于保险 F2/46 断路，故导致智能钥匙控制模块无供电、不工作，从而导致该故障，更换保险后故障排除。

任务 2.3　保险 F2/6 故障诊断

一、故障现象

（1）按下遥控器解锁按钮，所有车门均无法解锁，但转向灯闪烁。
（2）按下车门把手微动开关，所有车门均无法解锁但钥匙灯闪烁，转向灯闪烁。
（3）用机械钥匙开锁进入车内，按下车内门锁按钮无法解、闭锁。
（4）踩下制动踏板并按下点火开关，车辆上电正常。

二、故障诊断与排除

1. 故障分析

由于车辆上电是正常的，所以车辆防盗解锁钥匙认证过程是正常的，而车门把手微动开关、遥控器、车内门锁总开关解、闭锁均失效，说明 BCM 控制门锁解、闭锁的执行阶段存在故障。

因此故障原因可能有以下几点：
（1）BCM 局部故障。
（2）门锁电动机自身及线路故障。
（3）门锁电动机功率电源供给故障（F2/6）。

根据比亚迪 E5 门锁电动机的控制逻辑分析，门锁电动机或线路全部损坏的概率非常小，因此，重点怀疑门锁电动机功率电源的供给故障。

2. 故障诊断与过程

（1）连接诊断仪，读取故障码，发现无相关故障码，如图 2-13 所示。

图 2-13　诊断仪读取故障码

根据故障分析，测量门锁电动机功率保险 F2/6 输入、输出端对地电压。
BCM 部分电路的电路图如图 2-14 所示。

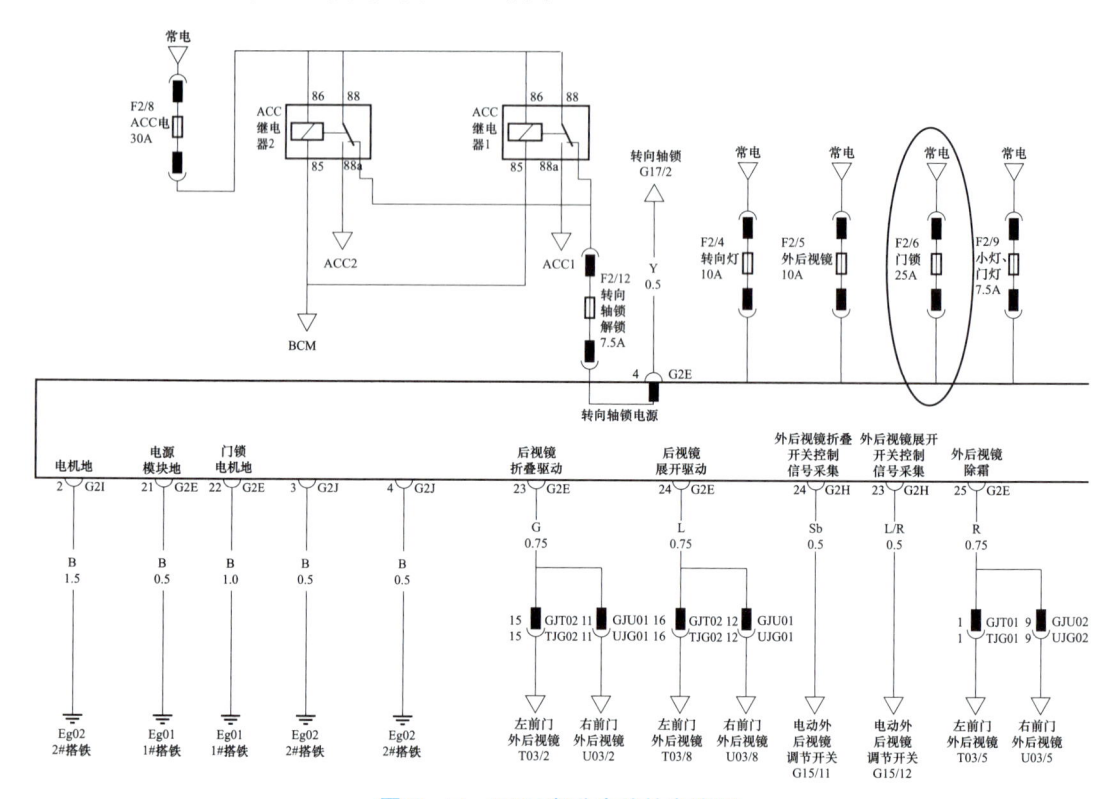

图 2-14 BCM 部分电路的电路图

用万用表分别测量保险 F2/6 输入、输出端的对地电压，输入端为 +B，正常，输出端为 0 V，异常，怀疑保险断路。

（3）测量保险 F2/6 电阻。

断开蓄电池负极，拔下保险 F2/6，测量其电阻，结果为无穷大，保险断路损坏，更换损坏保险，故障排除。

3. **诊断结论**

由于保险 F2/6 断路损坏，故使门锁电动机缺少工作电源，造成此故障。

项目三
动力模块初始化故障诊断

任务描述

一辆比亚迪 E5 汽车，顾客反映起动汽车，仪表不能正常点亮，请检查此现象并对故障进行维修。

素质目标

（1）严格按照操作规程进行故障诊断及排除，树立良好的安全文明操作意识；
（2）能主动获取信息，对工作过程进行反思和总结，培养与他人进行有效沟通和团结协作的能力。

知识目标

（1）掌握电动汽车低压供电系统的结构组成及工作原理；
（2）掌握电动汽车低压供电系统故障的诊断方法。

能力目标

（1）能根据故障现象对可能故障原因进行合理分析；
（2）能独立制定合理的故障诊断方案；
（3）能独立排除电动汽车低压供电故障。

原理解析

动力系统模块初始化认证过程包括钥匙认证和模块自检两个阶段，其系统构成及控制原理如图 3-1 所示。

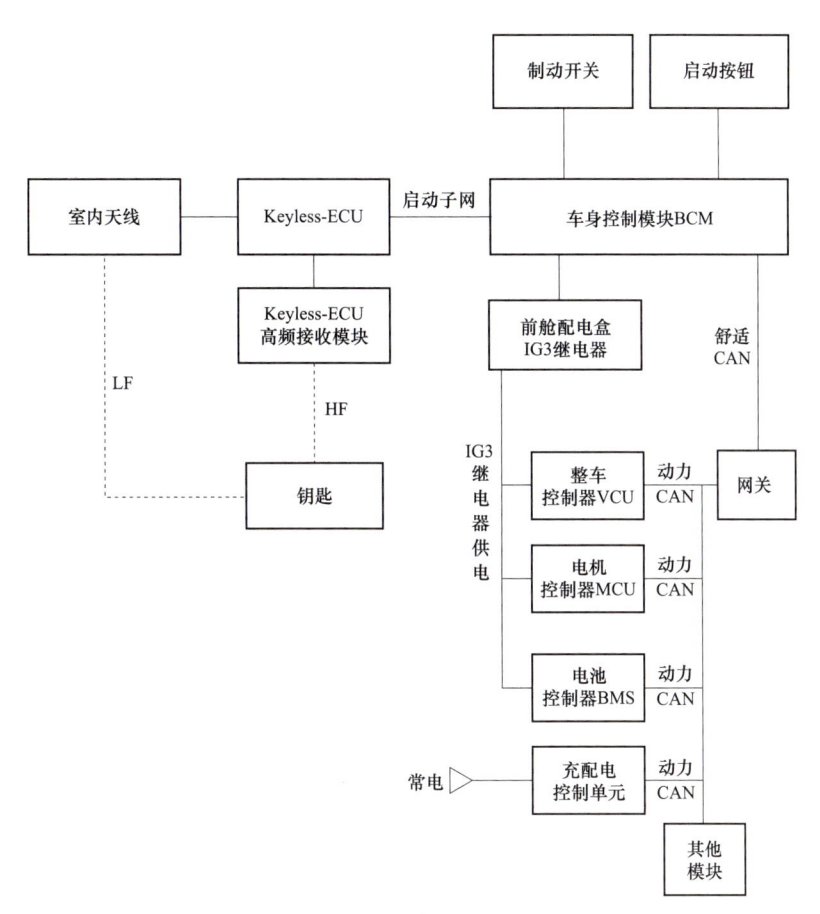

图 3-1 动力系统构成及控制原理

一、钥匙认证

当驾驶员踩下制动踏板时,制动开关将信号输送给 BCM,BCM 据此判定车辆钥匙认证:BCM 将上电信息通过启动子网 CAN 总线发送至 Keyless-ECU,Keyless-ECU 通过驾驶室内的前部、中部、后部天线发送 LF 低频信号(125 kHz)至驾驶室内区域查找钥匙,遥控钥匙接收到这个低频信号后,发送 HF 高频信号(434 MHz)回应,Keyless-ECU 的高频接收模块对接收到的带有防盗代码信息的数据信号进行解析,并验证其有效性。如果遥控钥匙数据信息正确有效,则钥匙认证就算通过。

二、模块自检

钥匙认证通过,按压起动按钮后,起动按钮将信号输送给 BCM,BCM 据此判定需要进行整车低压、高压上电,随即接通 IG3 继电器进行低压上电,VCU、BMS、电机控制器接收到由 IG3 继电器提供的点火开关信号后被唤醒并开始进行自检,充配电总成由 CAN 线唤醒自检,若自检无故障,则模块间通过数据总线进行数据交换,向 BMS 发送上电信息，车辆进入高压上电流程。

说明：如果先踩制动踏板而没有按起动按钮，BCM 会启动钥匙认证功能；如果先按起动按钮而没有踩制动踏板，BCM 也会启动钥匙认证功能，但是钥匙认证通过后仪表会出现如图 3-2 所示的提示信息。

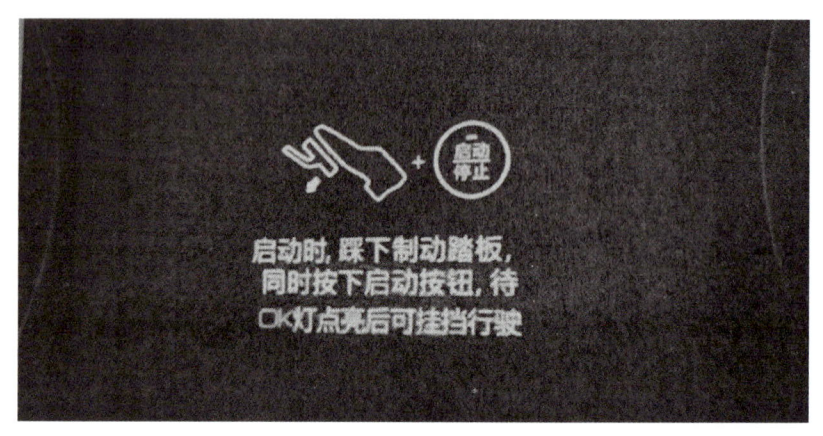

图 3-2 仪表提示信息

项目三
动力模块初始化故障诊断

任务 3.1　制动开关故障诊断

一、故障现象

汽车解锁正常，打开车门进入车内，踩下制动踏板，同时按下起动按钮，车辆仪表不能正常点亮，仪表中部提示"启动时，踩下制动踏板，同时按下启动按钮，待 OK 灯点亮后可挂挡行驶"，如图 3-3 所示。

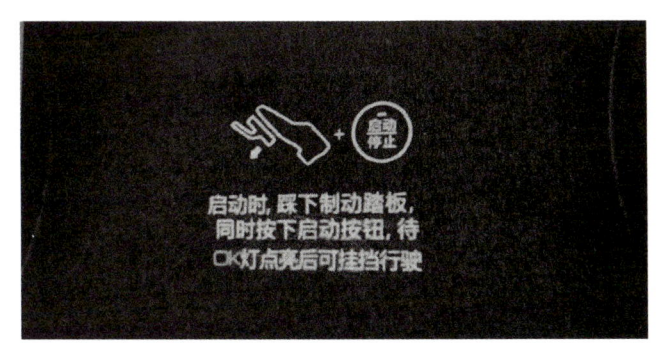

图 3-3　仪表提示信息

二、故障诊断与排除

1. 故障分析

根据仪表显示，结合防盗认证系统流程分析，在按下起动按钮后提示踩制动踏板，说明 BCM 已接收到来自起动按钮的起动信号，但没有接收到制动开关信号，可能原因如下：

（1）制动开关供电线路故障。

（2）制动开关至 BCM 间线路故障。

（3）制动开关自身故障。

2. 故障诊断与过程

（1）连接诊断仪，读取故障码，未发现故障码，如图 3-4 所示。

进入车身控制模块，踩下制动踏板读取数据流，如图 3-5 所示，制动信号状态显示："0 V 制动灯开关状态"为"有效"，正常；"12 V 制动信号状态"为"无效"，异常。

（2）测量制动开关对 BCM 的制动信号输入，其电路图如图 3-6 所示。

033

图 3-4　诊断仪读取故障码

图 3-5　诊断仪读取数据流

任意情况下，用万用表测量 G2E/11 对地电压，不踩下制动踏板时，正常为 0 V，当踩下制动踏板时应变为 +B。实测始终为零，异常。

BCM 的信号输入来自制动开关 G28/3 端子的信号输出，下一步测量制动开关输出信号。

（3）测量制动开关 G28/3 端子输出信号。任意情况下，用万用表测量制动开关 G28 的 3# 脚对地电压，不踩下制动踏板时，正常为 0 V，当踩下制动踏板时应变为 +B。实测当踩下制动踏板时，电压由 0 V 变为 +B，正常。

BCM 的制动输入信号异常而制动开关的输出信号正常，怀疑为 BCM 与制动开关之间线路故障。

（4）测量 BCM 与制动开关之间的线路。断开低压蓄电池负极和 G2E 连接器，测量 G2E/11-G28/3 电阻，无穷大，即 G2E/11-G28/3 断路。

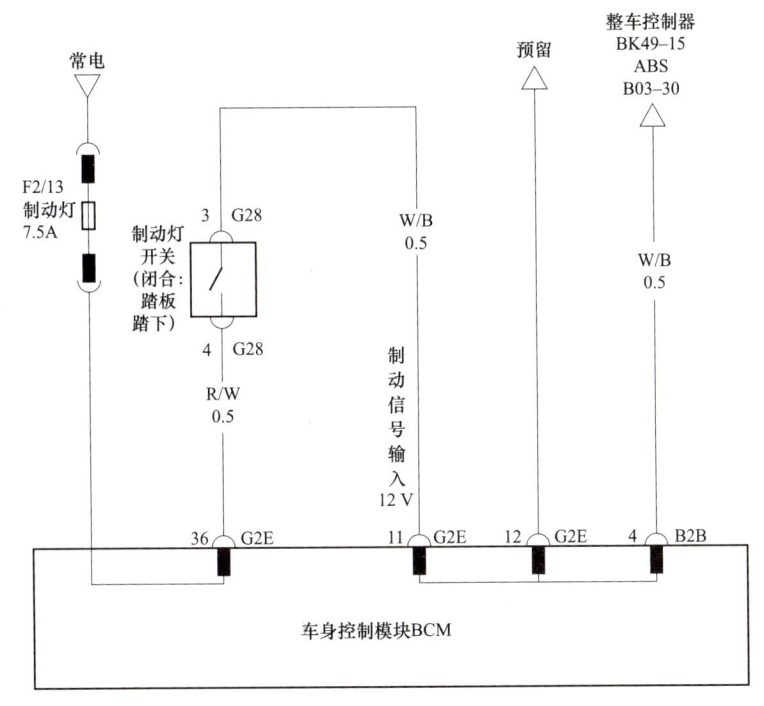

图 3-6　制动信号电路图

3. 诊断结论

由于 G2E 连接器的 G2E/11 到制动开关 G28/3 之间的线路断路，造成制动信号电压无法正确传递，导致控制模块无法正确识读驾驶员的上电意图，从而使整车无法上电，修复断路线路后故障排除。

任务 3.2　起动按钮故障诊断

一、故障现象

门锁系统正常,进入车内,踩下制动踏板,按下点火开关,起动按钮上的绿色指示灯点亮,仪表上的防盗指示灯闪烁,车辆再无其他反应。

二、故障诊断与排除

1. 故障分析

起动上电过程中,动力系统防盗需要两步完成,即钥匙认证和模块认证。

钥匙认证是在踩下制动踏板时开始,钥匙上的绿色指示灯闪烁,说明钥匙认证已经通过,故障应在模块认证。

模块认证失败,说明起动按钮、BCM、IG3 继电器、VCU、Keyless-ECU 组成的模块身份认证系统存在故障,加上仪表无任何反应,说明组合仪表没有接收到起动按钮的打开信号,可能原因在于起动按钮、BCM、CAN、组合仪表组成的相关系统故障。

综合判定故障可能原因如下:

(1)起动按钮与 BCM 线路故障。
(2)起动按钮本身故障。
(3)BCM 本身故障。

2. 故障诊断与过程

(1)连接诊断仪,读取故障码,发现无相关故障码,如图 3-7 所示。

图 3-7　诊断仪读取故障码

进入车身控制系统，在按下起动按钮的前提下读取起动按钮相关数据流，如图 3-8 所示，显示"启动按钮 4 脚状态"为"未按下"，"启动按钮 1 脚状态"为"未按下"，异常，怀疑起动信号故障，下一步测量起动信号。

图 3-8 诊断仪读取数据流

（2）测量车身控制单元 BCM 侧起动按钮信号，其电路图如图 3-9 所示。

用万用表分别测量起动按钮 G16/7、G16/11 针脚的对地电压，实测值为 +B，正常，说明 BCM 侧起动按钮输出信号正常。

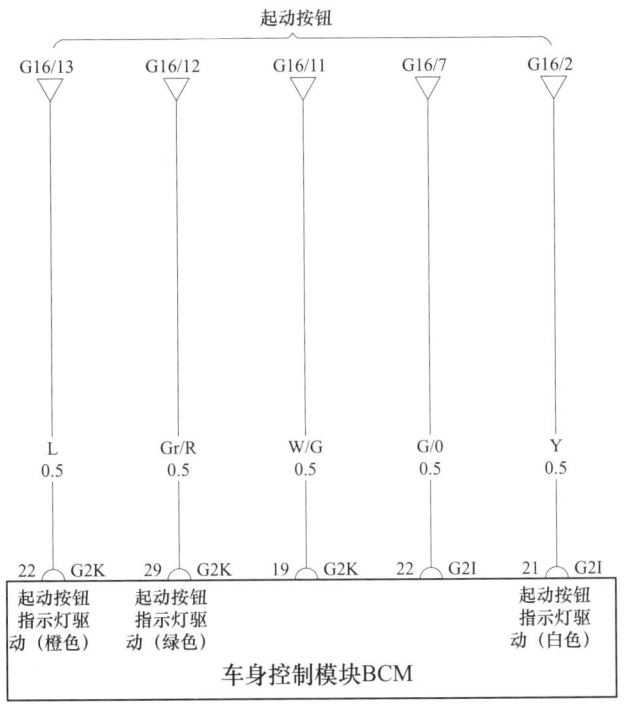

图 3-9 BCM 侧起动按钮电路

（3）测量起动按钮的信号。

按下起动按钮，用万用表分别测量起动按钮 G16/7、G16/11 针脚的对地电压，实测值为＋B，无变化，异常，正常值应为＋B 变为 0 V。

（4）测量起动按钮的搭铁，其电路图如图 3-10 所示。

用万用表测量起动按钮搭铁针脚 G16/4、G16/5 的对地电压，实测值为 0 V，正常，说明起动按钮的搭铁正常。

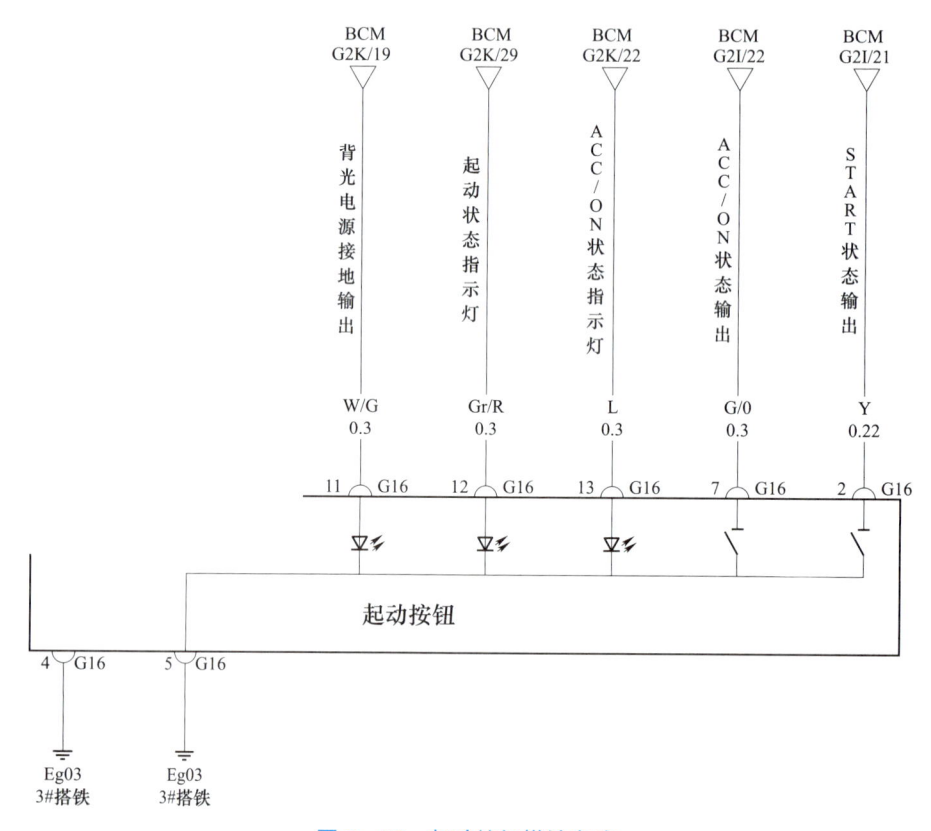

图 3-10 起动按钮搭铁电路

BCM 对起动按钮的输出信号正常，起动按钮的搭铁正常，按下起动按钮无信号变化，说明起动按钮内部触点损坏。

3. 诊断结论

起动按钮本身损坏导致故障，更换起动按钮后故障排除。

任务 3.3　IG3 继电器控制线路故障诊断

一、故障现象

门锁系统正常，进入车内，踩下制动踏板，打开点火开关。

（1）初始时，SOC 正常，"OK"灯不亮，高压不上电，仪表显示"请检查电子驻车系统"，如图 3-11 所示。

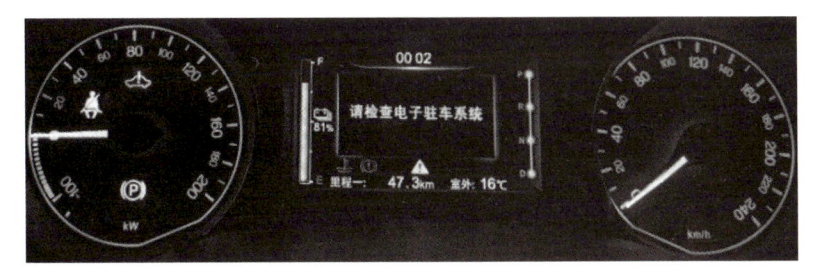

图 3-11　仪表状态（一）

（2）3 min 左右后，主告警灯点亮，制动故障灯点亮，水温报警灯点亮。
（3）仪表提示："请检查动力系统"（见图 3-12），"请检查制动系统"（见图 3-13）。

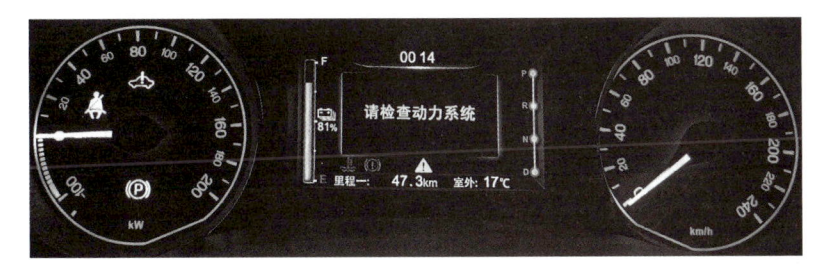

图 3-12　仪表状态（二）

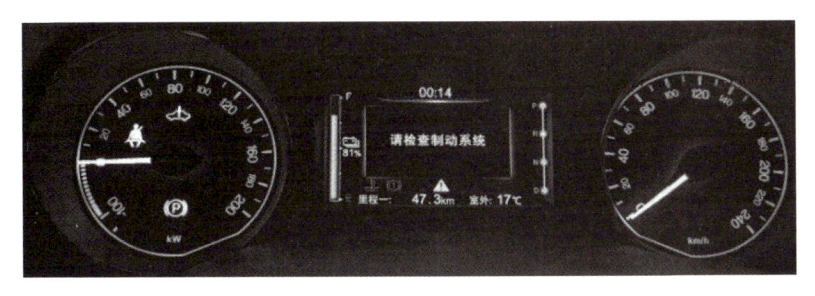

图 3-13　仪表状态（三）

二、故障诊断与排除

1. 故障分析

由于仪表循环提示"请检查动力系统""请检查制动系统",另外水温报警灯点亮(说明冷却系统存在故障),根据诸多系统运行异常判断故障可能发生在以上系统的公共部分,如图3-14所示,即:

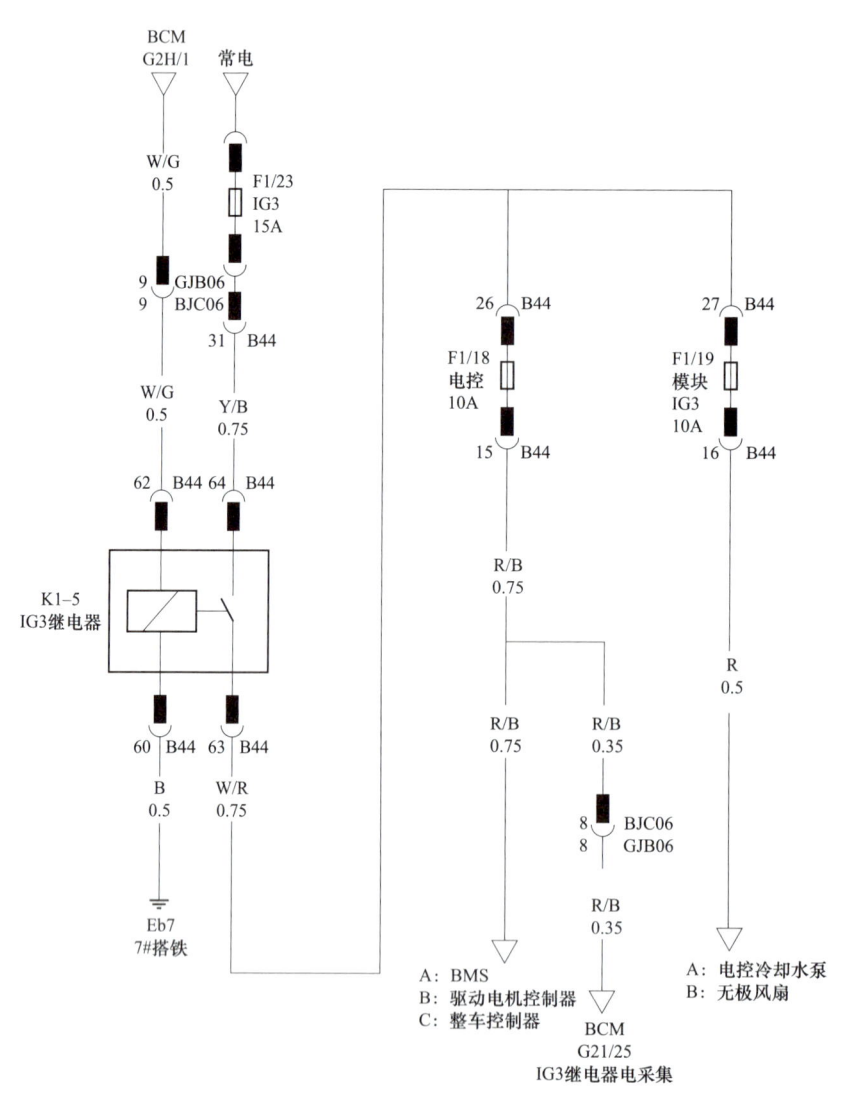

图3-14 IG3继电器电路

(1)继电器IG3控制线路故障:供电端、搭铁端。
(2)继电器IG3输出端故障。
(3)继电器IG3自身故障。

2. 故障诊断与过程

(1) 连接诊断仪，读取故障码。扫描模块时，电机控制器、整车控制器均无法通信，如图 3-15 所示。

在电子驻车控制系统、组合仪表控制系统、引擎音模拟器控制系统中均读到故障码 U011087 "与电机控制器失去通讯"；在挡位控制系统读到故障码 U011000 "与电机控制器通讯故障"；在助力转向控制系统读到故障码 U015987 "与 VTOG 丢失通讯"。

图 3-15　诊断仪读取故障码

(2) 打开点火开关，用万用表测量 F1/18、F1/19 对地电压，正常为 +B，实测为 0 V，异常。

(3) 打开点火开关，用万用表测量 IG3 的开关输出端对地电压，正常为 +B，实测为 0 V，异常；用万用表测量 IG3 的继电器开关电源端电压，正常为 +B，实测为 +B，正常。

(4) 打开点火开关，用万用表测量 IG3 的继电器控制供电端、继电器控制搭铁端对地电压，正常分别为 +B、0 V，实测为 0 V、0 V，IG3 的继电器控制供电端电压异常，IG3 的控制电压由 BCM 提供，下一步测量 BCM 的输出电压。

(5) 打开点火开关，测量 BCM 的 G2H/1 输出端对地电压，正常为 +B，实测为 +B，正常。BCM 输出正常，而 IG3 无控制电压，怀疑线路断路，下一步测量线路电阻。

(6) 断开蓄电池负极，断开连接器，测量 BCM 的 G2H/1 与 IG3 继电器控制供电端之间的电阻，电阻力无穷大，线路断路。

3. 诊断结论

由于 BCM 的 G2H/1 与 IG3 继电器控制供电端之间的线路断路，造成继电器 IG3 不工作，电机控制器 MCU、整车控制器 VCU（VCU 控制真空泵不工作，制动系统故障）电控冷却风扇等无 IG3 供电造成此故障，修复断路线路，故障排除。

任务描述

一辆比亚迪 E5 汽车，顾客反映起动汽车，仪表正常点亮，但是"OK"灯不亮，高压不能上电，动力系统故障指示灯点亮，仪表文本显示"请检查动力系统"，请检查此现象并对故障进行维修。

素质目标

（1）严格按照操作规程进行故障诊断及排除，树立良好的安全文明操作意识；
（2）能主动获取信息，对工作过程进行反思和总结，培养与他人进行有效沟通和团结协作的能力。

知识目标

（1）掌握电动汽车高压上电的动力控制模块有哪些；
（2）掌握电动汽车不同动力控制模块故障时的故障现象；
（3）掌握电动汽车动力控制模块故障的诊断方法。

能力目标

（1）能根据故障现象对可能的故障原因进行合理分析；
（2）能独立制定合理的故障诊断方案；
（3）能独立排除电动汽车动力控制模块的故障。

原理解析

在完成低压上电后，整车控制器 VCU、电池控制器 BMS、电机控制器 MCU 接收到由 IG3 继电器提供的点火开关信号后被唤醒并开始进行自检，比亚迪 E5 的充配电总成则由 CAN 线唤醒进行自检（动力控制模块是否包括充配电总成依车型设计而有所不同）。

若自检无故障，则动力模块间通过数据总线进行数据交换，向 BMS 发送上电信息，车辆进入高压上电流程。

若某动力控制模块自检存在故障，则系统生成并存储相应的故障码，同时将故障信息通过 CAN 总线发送至仪表，组合仪表显示故障信息或点亮故障指示灯。不同动力控制模块的自检故障后面有详细的讲解，在此不再赘述。

任务 3.4　VCU 供电故障诊断

一、故障现象

车门解锁正常，进入车内，踩下制动踏板，打开点火开关：
（1）SOC 正常，但"OK"灯不亮，高压不上电，电子风扇高速常转。
（2）动力系统故障指示灯点亮，制动故障灯点亮，水温报警灯点亮。
（3）仪表文字提示："请检查动力系统"（见图 3–16），"请检查电子驻车系统"（见图 3–17），"请检查制动系统"（见图 3–18）。

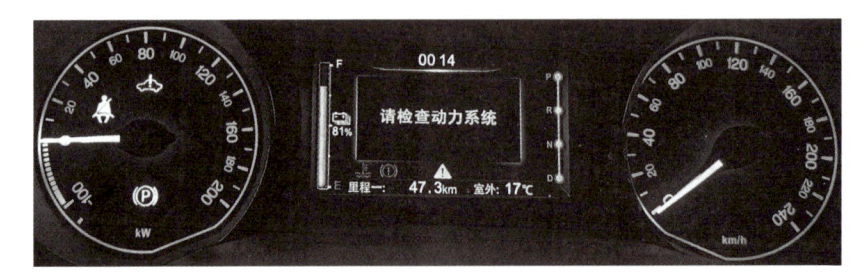

图 3–16　仪表状态（一）

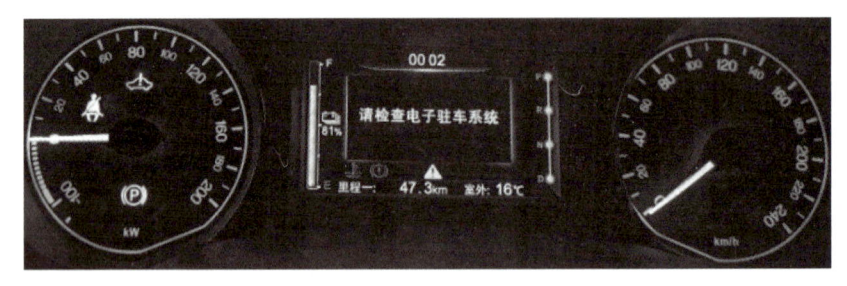

图 3–17　仪表状态（二）

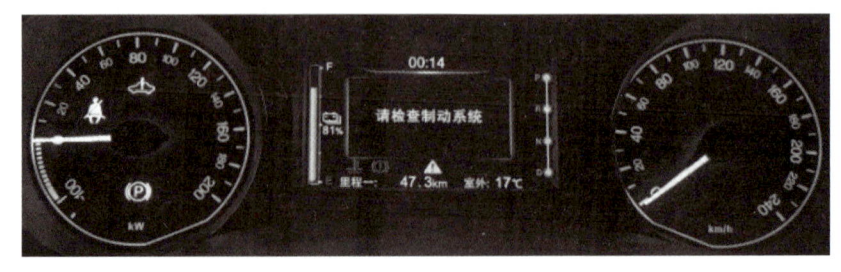

图 3–18　仪表状态（三）

二、故障诊断与排除

1. 故障分析

故障现象：高压不上电；电子风扇高速常转；仪表显示"请检查电子驻车系统""请检查动力系统""请检查动力系统"。由于三个故障现象都与整车控制器 VCU 有关，因此故障原因可能为：

（1）整车控制器 VCU 本身故障。

（2）整车控制器 VCU 相关线路故障。

2. 故障诊断与过程

（1）连接诊断仪，读取故障码。扫描模块时，与整车控制器无法通信。在前驱动电机控制系统中读到故障码 U014187"与整车控制器通讯故障"，如图 3-19 所示。

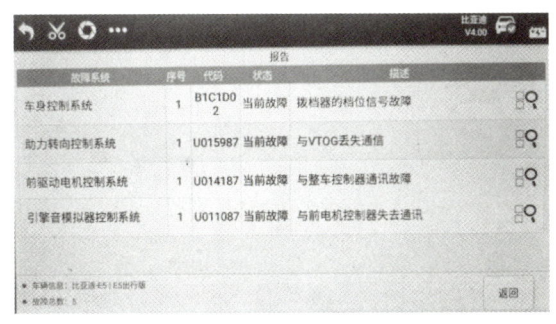

图 3-19　诊断仪读取故障码

（2）打开点火开关，用万用表测量整车控制器 VCU 供电端子，VCU 部分电路如图 3-20 所示，BK49/1、BK49/3 的对地电压正常为 +B、+B，实测为 0 V、0 V，异常。

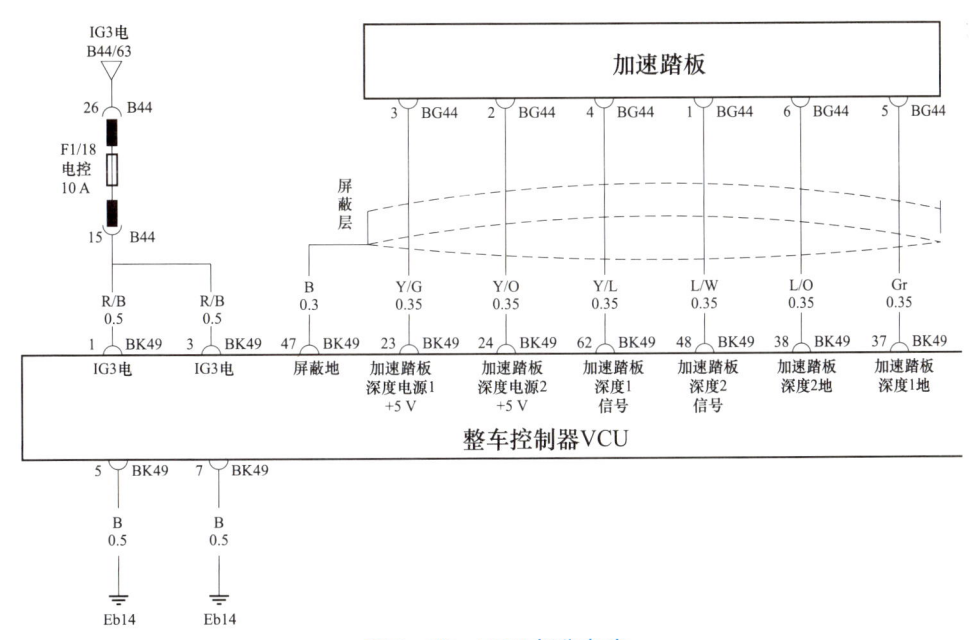

图 3-20　VCU 部分电路

（3）打开点火开关，用万用表测量保险 F1/18 对地电压，正常为 +B，实测为 +B，正常。保险处电压正常，而 VCU 无供电电压，怀疑线路断路，下一步测量线路电阻。

（4）断开蓄电池负极，断开连接器，分别测量保险 F1/18 与 VCU 供电端子 BK49/1、BK49/3 之间的电阻，电阻无穷大，线路断路。

3. 诊断结论

由于保险 F1/18 与 VCU 供电端子 BK49/1、BK49/3 之间的线路断路，导致整车控制器无供电、不工作，从而造成此故障，修复断路线路后故障排除。

任务 3.5　BMS 的常电故障诊断

一、故障现象

车门解锁正常，进入车内，踩下制动踏板，打开点火开关：
（1）SOC 未显示，"OK" 灯不亮，高压不上电。
（2）动力电池故障指示灯点亮，动力电池过热指示灯点亮。
（3）仪表文字提示："请检查动力系统"（见图 3-21），"请及时充电"（见图 3-22）。

图 3-21　仪表状态（一）

图 3-22　仪表状态（二）

二、故障诊断与排除

1. 故障分析

由于动力电池 SOC 未显示，动力电池故障指示灯点亮，动力电池过热指示灯点亮，说明动力电池系统存在故障，因此故障原因可能为：
（1）动力电池包本身故障。
（2）动力电池包与 BMS 之间相关线路故障。
（3）动力电池控制器 BMS 供电、搭铁或通信故障。
（4）动力电池 BMS 本身故障。

2. 故障诊断与过程

（1）连接诊断仪，读取故障码，如图 3-23 所示。扫描模块时，DC-DC 总成控制系统故障码为 U011100；前驱动电机控制系统故障码为 U011100；组合仪表控制系统故障码为 U029687；整车控制系统故障码为 U011187。其故障码含义均为"与动力电池管理器通讯故障"。电池管理器的供电、搭铁、CAN 线故障都可能造成 BMS 的通信故障。

下一步先测量 BMS 的供电、搭铁，也可先测量 BMS 的 CAN 线。

图 3-23　诊断仪读取故障码

（2）打开点火开关，用万用表测量 BMS 供电端子 BK45（A）/28、BK45（B）/1、搭铁端子 BK45（B）/2、BK45（B）/21 对地电压，正常应为 +B、+B、0 V、0 V，实测均为 0 V，异常，说明动力电池控制单元 BMS 的搭铁端子正常，供电端子无供电。BMS 供电、搭铁电路图如图 3-24 所示。

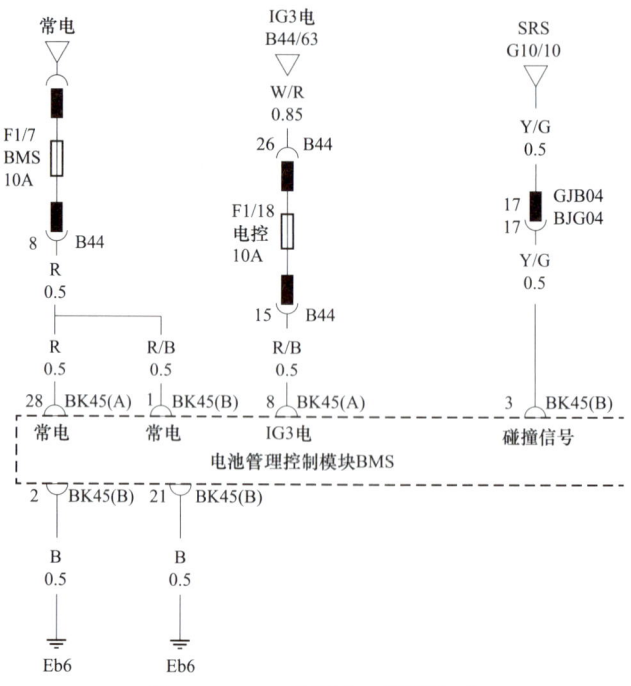

图 3-24　BMS 供电、搭铁电路

下一步测量供电端子的上游供电，查询电路图，上游供电来自保险 F1/7。

（3）打开点火开关，用万用表测量保险 F1/7 两端的对地电压，输入端为 +B，而测量其输出端为 0 V，异常，初步判断保险 F1/7 损坏。

（4）断开蓄电池负极，取下保险 F1/7，测量其电阻值，实测值为无穷大，保险断路损坏。

3. 诊断结论

由于保险 F1/7 断路损坏，导致动力电池控制单元无常供电而不能正常工作，从而导致动力电池系统无法完成自检，造成此故障的发生，更换损坏保险，故障排除。

由于 BMS 的 +B 电源线路存在故障，造成 BMS 无法启动运行及信息传输，使其他模块无法正常接收到 BMS 模块发送的动力电池电量、电压、故障、温度等状态信息，从而无法确认动力电池的工作状态。同时，BMS 无法获取其他模块信息及车辆状态，导致整车启动保护功能，致使整车高压系统不上电。

任务 3.6 　充配电总成供电故障诊断

一、故障现象

（1）车门解锁正常，打开车门进入车内，仪表显示动力电池充电连接指示灯点亮，如图 3-25 所示。

图 3-25 　仪表状态（一）

（2）踩下制动踏板，打开点火开关。
① SOC 正常，但"OK"灯不亮，高压不上电。
② 动力电池充电连接指示灯常亮，几分钟后，充电系统警告灯点亮，如图 3-26 所示。
③ 电子风扇常转。

图 3-26 　仪表状态（二）

二、故障诊断与排除

1. 故障分析

比亚迪 E5 的 DC-DC 控制模块、OBC 控制模块与高压配电盒共同集成于充配电总成中，而故障现象"动力电池充电连接指示灯常亮""充电系统警告灯点亮"都与充配电总成有关，因此，其故障原因可能为：

（1）充配电总成本身故障。

（2）充配电总成供电、搭铁、CAN 线故障。

2. 故障诊断与过程

（1）连接诊断仪，读取故障码，如图 3-27 所示。扫描模块时，整车控制系统故障码为 U029F87，其故障码含义为"与 OBC 通讯故障"。

比亚迪 E5 的 DC-DC 控制模块、OBC 控制模块与高压配电盒共同集成于充配电总成中，因此充配电总成的供电、搭铁、CAN 线故障都可能造成与车载充电机控制模块 OBC 的通信故障。

下一步先测量充配电总成的供电、搭铁，也可先测量充配电总成的 CAN 线。

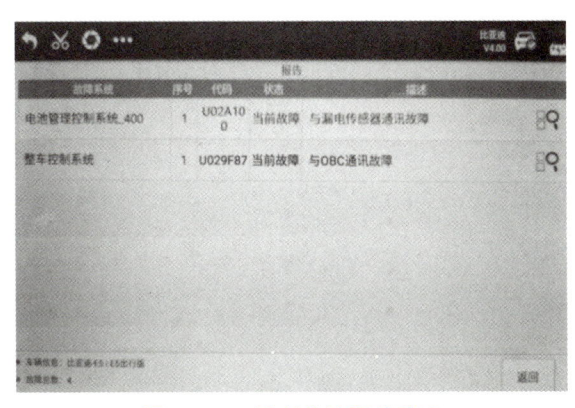

图 3-27 诊断仪读取故障码

（2）打开点火开关，用万用表测量充配电总成供电端子 B74/1、B74/2、搭铁端子 B74/3、B74/19 对地电压，正常应为 +B、+B、0 V、0 V，实测均为 0 V，异常，说明充配电总成的搭铁端子正常，供电端子无供电。充配电总成供电、搭铁电路如图 3-28 所示。

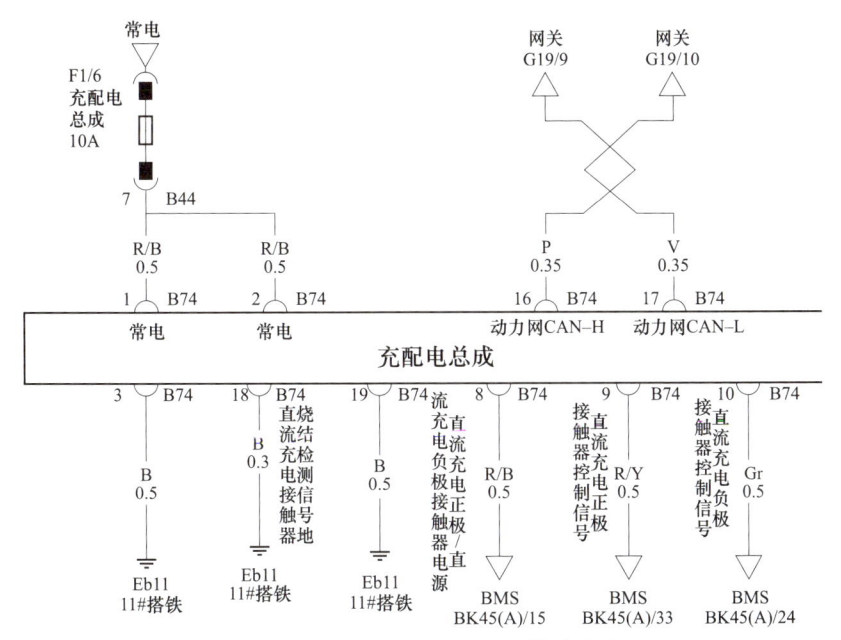

图 3-28 充配电总成供电、搭铁电路

下一步测量供电端子的上游供电，查询电路图，上游供电来自保险 F1/6，下一步测量保险 F1/6。

（3）用万用表测量保险 F1/6 的两端对地电压（任何情况下），输入端为 +B，而测量其输出端为 0 V，异常，初步判断保险 F1/6 损坏。

（4）断开蓄电池负极，取下保险 F1/6，测量其电阻值，实测值为无穷大，保险断路损坏。

3. 诊断结论

由于保险 F1/6 断路损坏，导致充配电总成无供电而不能正常工作，进而使 DC–DC 控制模块、OBC 控制模块均无法工作，导致此故障的发生，更换损坏保险后故障排除。

项目三 动力模块初始化故障诊断

任务 3.7 电机控制器供电故障诊断

一、故障现象

车门解锁正常，打开车门进入车内。

踩下制动踏板，打开点火开关：

（1）SOC 正常，但"OK"灯不亮，高压不上电。

（2）动力系统故障指示灯点亮，仪表提示："请检查动力系统"，如图 3-29 所示。

图 3-29 仪表状态

（3）电子风扇常转。

二、故障诊断与排除

1. 故障分析

故障现象：高压不上电，仪表显示：请检查动力系统；电子风扇高速常转。

故障现象显示应为相关动力模块自检存在故障，因此故障原因可能为：VCU、BMS、充配电总成（OBC、DC-DC）、MCU 等供电、搭铁故障及模块本身故障。

2. 故障诊断与过程

（1）连接诊断仪，读取故障码，如图 3-30 所示。扫描模块时，电机控制器无法通信。整车控制系统中存在故障码 U01A50 "与前驱动电机控制器（FMCU）通讯故障"。

（2）测量电机控制器的供电输入，其电路图如图 3-31 所示。

踩下制动踏板，打开点火开关，用万用表测量 B28/10、11 端子的对地电压，正常应为 12 V，实测均为 0 V，异常。

电机控制器的供电输入来自保险 F1/18 的供电输出，下一步测量保险 F1/18 的供电输出电压。

053

图 3-30　诊断仪读取故障码

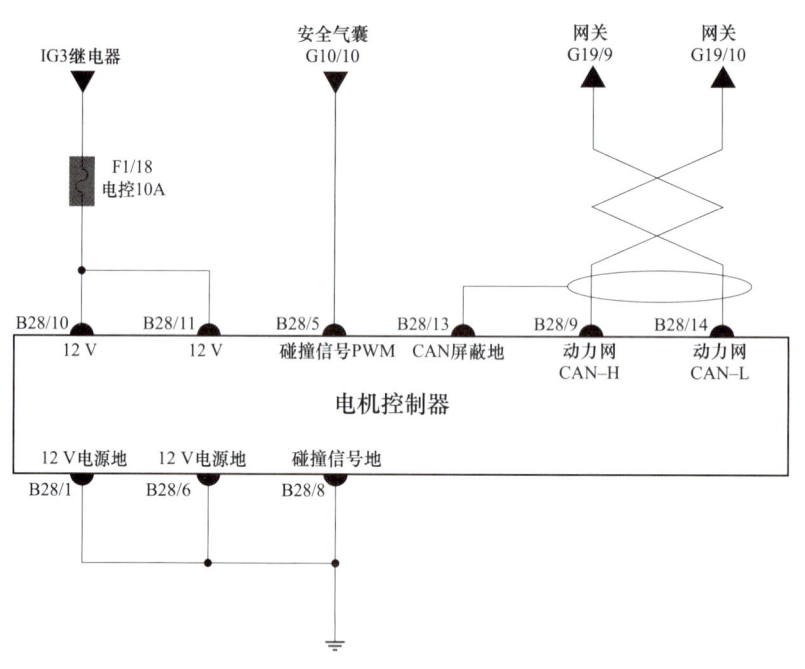

图 3-31　电机控制器电路图

（3）测量保险 F1/18 的供电输出电压。

踩下制动踏板，打开点火开关，用万用表测保险 F1/18 的输入、输出电压，实测均为 +B，正常，保险 F1/18 的输出电压正常，而电机控制器输入电压信号异常，怀疑保险 F1/18 输出侧至电机控制器 B28/10、11 端子的线路存在断路故障，下一步测量线路电阻。

（4）测量保险 F1/18 输出侧至电机控制器 B28/10、11 端子之间的线路电阻。

断开蓄电池负极，拔下电机控制器插接器 B28，用万用表测量保险 F1/18 输出侧至电机控制器 B28/10、11 端子之间的线路电阻，实测电阻为∞，异常，线路断路。

3. **诊断结论**

由于保险 F1/18 输出侧至电机控制器 B28/10、11 端子之间的线路断路，故造成电机控制器无供电不能工作，导致故障发生，修复断路线路后故障排除。

项目四

整车通信线路故障诊断

任务描述

一辆比亚迪 E5 汽车，顾客反映起动汽车，仪表正常点亮，但是"OK"灯不亮，高压不能上电，仪表多个故障指示灯点亮，仪表文本循环显示"请检查动力系统""请检查制动系统""请检查 ABS 系统"，请检查此现象并对故障进行维修。

素质目标

（1）严格执行汽车检修规范，养成严谨、科学的工作态度。
（2）养成总结训练过程和结果的习惯，为下次训练总结经验。
（3）养成团结协作精神。

知识目标

（1）掌握电动汽车 CAN 总线的概念与拓扑结构。
（2）掌握电动汽车舒适 CAN、动力 CAN 等不同总线的特性。

能力目标

（1）能通过维修手册查找到不同总线的针脚端子。
（2）能根据维修手册的指导进行总线信号的测量。
（3）能使用诊断仪、示波器、万用表等常见设备对电动汽车 CAN 总线系统进行故障诊断检测。

原理解析

新能源电动汽车在传统的车辆上增加了 BMS、VCU、充配电总成、电机控制器、电动空调控制器等控制模块，虽然各模块名称及系统结构有差异，但整体控制功能差别不大，各模块之间除了数据交换外，仪表还需在原有的基础上显示 SOC、电压信息、充电状态、动力蓄电池温度等信息，这些信息都是通过 CAN 总线进行传输的。

比亚迪 E5 整车 CAN 总线包括动力 CAN 总线、车身舒适 CAN 总线、启动子网 CAN

总线、动力电池子网 CAN 及 BIC 子网 CAN 总线和 ESC-CAN 总线等，其网络拓扑图如图 4-1 所示。

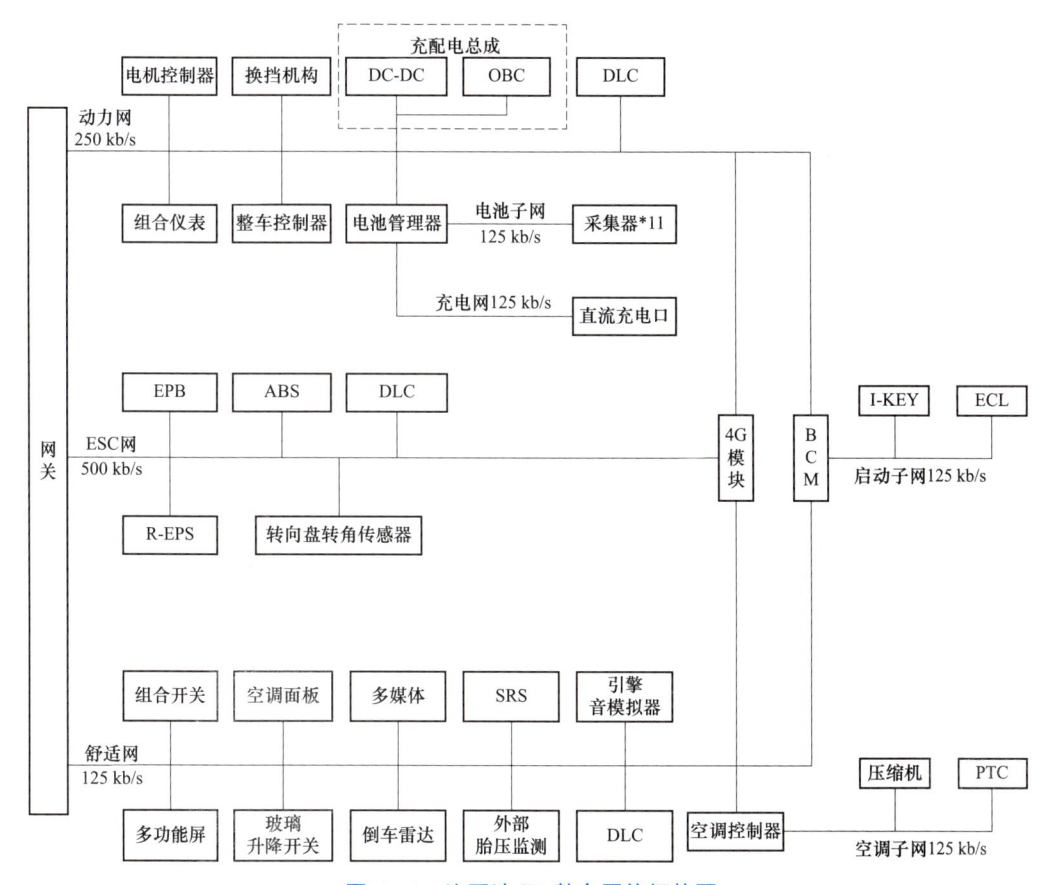

图 4-1 比亚迪 E5 整车网络拓扑图

动力 CAN 总线数据信息主要包括：主控制器的防盗认证、动力蓄电池温度、电压、电流、动力电池电量 SOC、充电、高压绝缘、高压互锁、加速踏板、制动踏板、挡位、能量回收、能量管理、冷却控制、故障等级等信息。

车身舒适 CAN 总线主要连接网关控制器、SRS 控制器、转向盘组合开关、空调控制器、PDA 大屏、主机显示模块等，这些系统组成一个局域网络。其主要数据信息包括整车热管理、鼓风机速度控制、空调温度控制、车辆状态显示、行驶状态、故障等级等信息。

ESC-CAN 总线主要连接网关控制 ECU、电子驻车控制器 EPB、电子车身稳定系统 ESP、电子转向系统 EPS、胎压检测模块 TPMS 等，这些模块组成一个局域网络。其主要数据包括车辆速度、制动开关状态、驻车、数据显示、行驶状态、故障等级等信息。

启动子网 CAN 总线主要连接 BCM 与 Keyless-ECU，这两个控制模块组成一个局域网络。其主要数据包括车身防盗、动力系统防盗、整车控制器认证、故障等级等信息。

动力电池子网 CAN 以及 BIC 子网 CAN 总线主要连接 BMS、电池通信转换模块、电池信息采集器 BIC，这些模块组成一个局域网络。其主要数据信息包括高压绝缘、单体电池电压和温度、充电均衡、远程监控数据、故障等级等信息。

充电 CAN 总线主要连接 BMS 与外部直流充电桩，这两个模块组成一个局域网络。其主要数据包括充电桩、单体电池电压以及温度、动力电池电压以及电量 SOC、充电终止及许可、充电电流及电压、充电均衡、远程监控数据、故障等级等信息。

项目四
整车通信线路故障诊断

任务 4.1　网关控制器供电故障诊断

一、故障现象

门锁解锁正常，进入车内，踩下制动踏板，打开点火开关：

（1）"OK"灯不亮，高压不上电，SOC 未显示，P 挡指示灯闪烁，同时，仪表显示"请及时充电"（见图 4-2），电子风扇高速常转。

图 4-2　仪表状态（一）

（2）大约 2 min 后，动力系统报警灯、充电报警指示灯、电池故障报警灯、制动系统报警灯、ABS 系统报警灯、冷却液温度报警灯点亮，如图 4-3 所示。

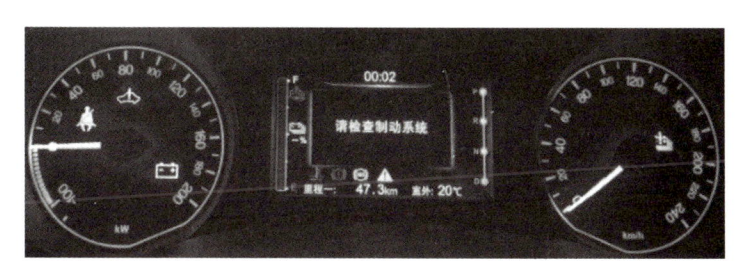

图 4-3　仪表状态（二）

（3）仪表文本循环显示"请及时充电""请检查制动系统""请检查 ABS 系统""请检查动力系统"，如图 4-4 所示。

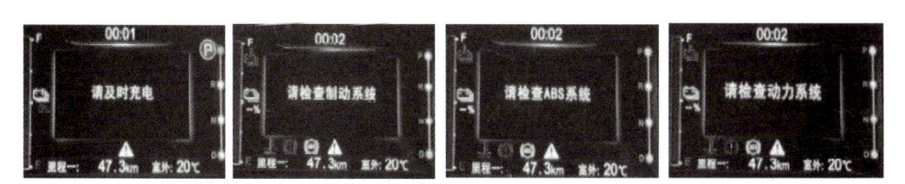

图 4-4　仪表文本状态

061

二、故障诊断与排除

1. 故障分析

（1）SOC 未显示，动力电池故障指示灯、动力系统警示灯点亮，说明动力系统存在故障，同时，P 挡指示灯闪烁说明动力系统通信存在故障。

（2）ABS 故障指示灯点亮，则检查制动系统，说明制动系统存在故障，由网络拓扑图知 ABS 系统属于 ESC-CAN 系统。

上述两套系统相关部件同时损坏的概率极小，重点考虑故障应为整车通信存在故障，造成相关模块无法将自检信息传输给仪表控制器，因此，仪表点亮相关系统故障灯和指示灯等。

2. 故障诊断与过程

（1）连接诊断仪，读取故障码，如图 4-5 所示，发现全车主要控制模块都无法通信。

图 4-5　诊断仪读取故障码

由于主要控制模块都无法取得通信，故说明全车舒适 CAN、动力 CAN、ESC-CAN 都处于瘫痪状态，所有现象都指向网关控制器，下一步测量网关控制器的供电、搭铁电路。网关控制器电路图如图 4-6 所示。

（2）测量网关控制器的供电与搭铁状态。

打开点火开关（G19/16 为常火线端子可任何情况下测量），使用万用表测量 G19/16、G19/12、B03/11、B03/15、B03/23 端子的对地电压。实测 G19/16、G19/12 对地电压为 1.35 V，B03/11、B03/15、B03/23 对地电压均为 0 V，说明网关控制器的 G19/16、G19/12 端子未接收到来自保险的供电电源，下一步应检测其上游供电线路。

（3）测量保险 F2/46、F2/33 的工作电压。

打开点火开关（保险 F2/46 连接常火线可任何情况下测量），使用万用表测量保险 F2/46、F2/33 两端的对地电压，输入端、输出端对地电压均为 12.42 V，初步判定为保险 F2/46-G19/16 端子之间线路及保险 F2/33-G19/12 端子之间线路断路。

（4）测量保险 F2/46-G19/16 端子之间线路、保险 F2/33-G19/12 端子之间线路。

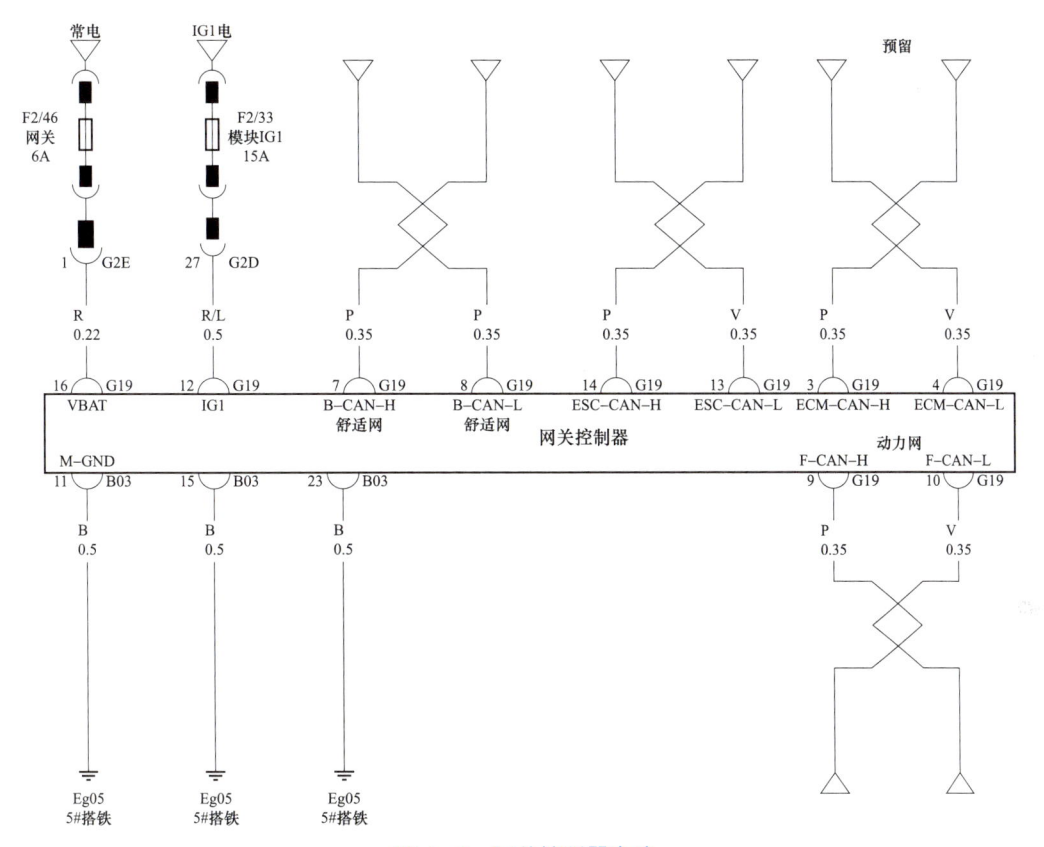

图 4-6 网关控制器电路

断开蓄电池负极，用万用表分别测量保险 F2/46 – G19/16 端子之间线路、保险 F2/33 – G19/12 端子之间线路的电阻值，实测值为无穷大，判定为两段线路同时断路。

3. 诊断结论

由于保险 F2/46 – G19/16 端子之间线路、保险 F2/33 – G19/12 端子之间线路同时断路，导致网关控制器无供电而无法正常工作，造成整车通信瘫痪，导致此故障发生。

任务 4.2　动力电池电池子网故障诊断

一、故障现象

门锁解锁正常，进入车内，踩下制动踏板，打开点火开关：SOC 显示正常，挡位显示正常，无闪烁，但"OK"灯不亮，高压不上电，同时，动力电池故障指示灯点亮，如图 4-7 所示。

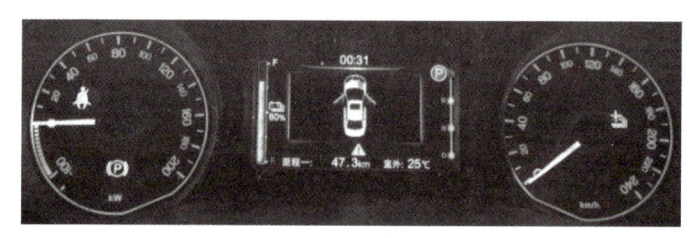

图 4-7　仪表状态

二、故障诊断与排除

1. 故障分析

SOC 显示正常，而且仪表除动力电池故障指示灯点亮外无其他故障灯点亮，说明动力控制系统相关模块（VCU、MCU、BMS、充配电总成等）自检、通信正常，故障原因应在动力电池包本身或电池包与电池控制器的通信线路上。

2. 故障诊断与过程

（1）连接诊断仪，读取故障码，如图 4-8 所示。在电池管理系统读取到相关故障码：

故障系统	序号	代码	状态	描述
电池管理控制系统_400	1	U20B00	当前故障	BIC1 CAN通讯超时故障
电池管理控制系统_400	2	U20B10	当前故障	BIC2 CAN通讯超时故障
电池管理控制系统_400	3	U20B20	当前故障	BIC3 CAN通讯超时故障
电池管理控制系统_400	4	U20B30	当前故障	BIC4 CAN通讯超时故障
电池管理控制系统_400	5	U20B40	当前故障	BIC5 CAN通讯超时故障
电池管理控制系统_400	6	U20B50	当前故障	BIC6 CAN通讯超时故障

图 4-8　诊断仪读取故障码

U20B000、U20B100、U20B200、U20B300、U20B400、U20B500。由故障码可知，所有电池采集器与电池控制器均存在通信故障，怀疑是电池子网存在故障。

（2）测量电池子网 CAN-H 波形。

电池子网电路原理图如图 4-9 所示。

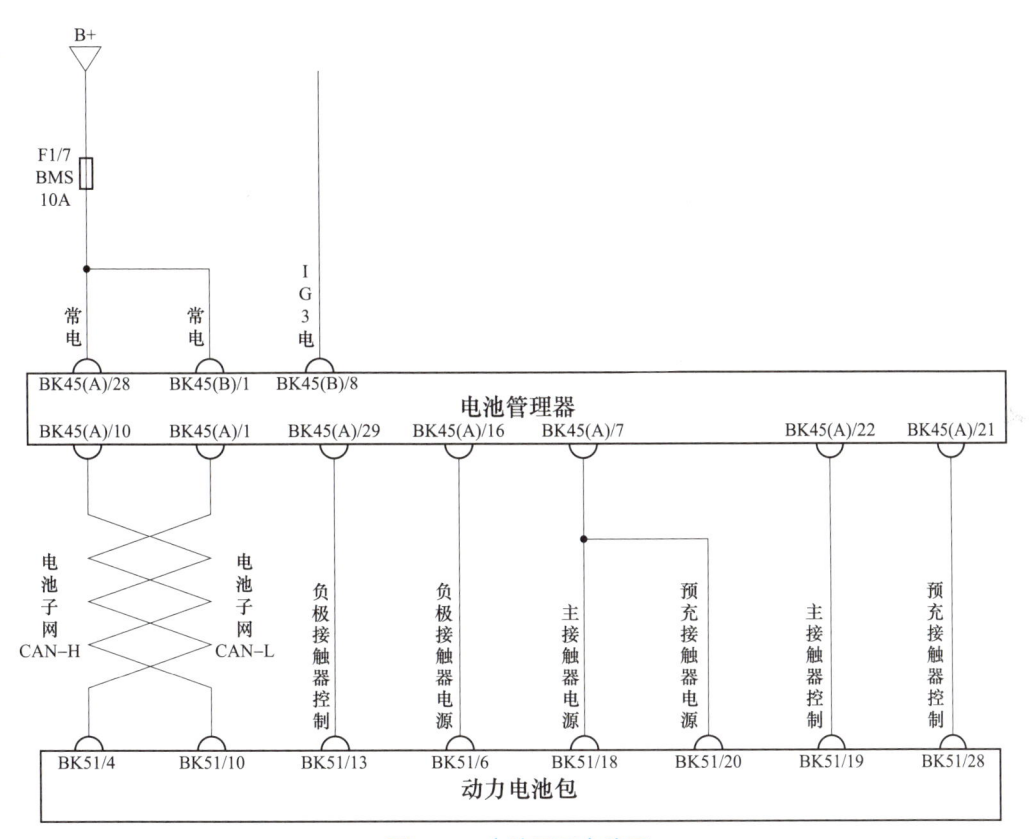

图 4-9　电池子网电路图

打开点火开关，用示波器测量电池管理器 BK45（A）/1 端子的对地波形，测得波形为 2.5~3.5 V 波形信号，如图 4-10 所示，正常。

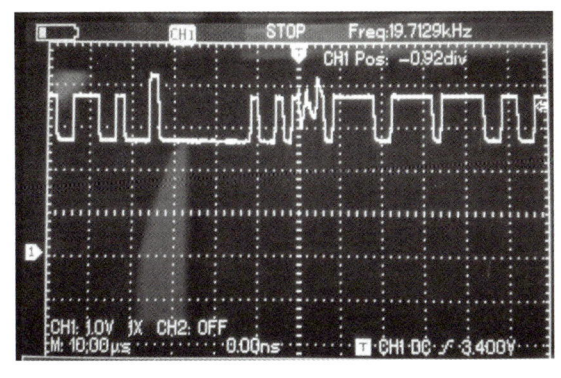

图 4-10　CAN-H 波形

（3）测量电池子网 CAN-L 波形。

打开点火开关，用示波器测量电池管理器 BK45（A）/10 端子的对地波形，如图 4-11 所示，测得波形为 CAN-L 断路波形。

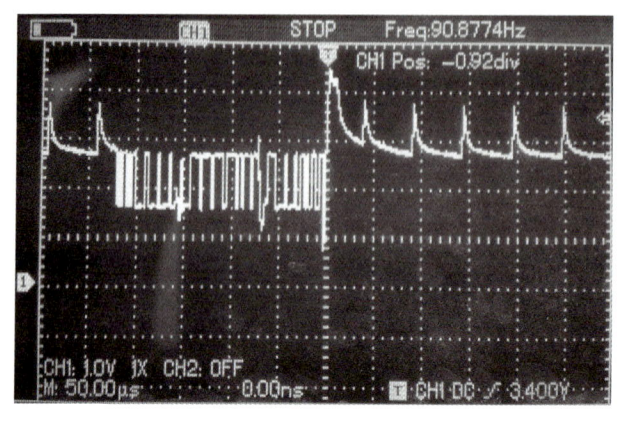

图 4-11　CAN-L 波形

（4）测量电池子网 CAN-H 线路的电阻。

关闭点火开关，拔下电池管理器 BK45（A）插头和电池包 BK51 插头，用万用表测量电池管理器 BK45（A）/10 端子与电池包 BK51/4 端子之间的电阻，实测值为∞，线路断路。

3. 诊断结论

由于电池管理器 BK45（A）/10 端子与电池包 BK51/4 端子之间的线路断路，造成电池子网通信故障，使电池管理器无法正确接收电池包内部电池采集器的采集数据，造成此故障。

动力电池子网 CAN 总线是动力电池单体信息传输给动力电池管理系统 BMS 的数据传输通道。如果该线路出现故障造成动力电池内部单体温度、电压、均衡等信息无法传输给动力电池管理器 BMS，则 BMS 无法判断当前动力电池内部状态，导致 BMS 启动保护功能，造成高压不上电。

项目四
整车通信线路故障诊断

任务 4.3　舒适 CAN 故障诊断

一、故障现象

门锁解锁正常，进入车内，踩下制动踏板，打开点火开关。

（1）"OK"灯不亮，高压不上电，SOC 未显示，P 挡指示灯、制动系统故障报警灯及防盗报警灯持续闪烁，同时，仪表显示"请及时充电"，如图 4-12 所示，电子风扇高速常转。

图 4-12　仪表状态（一）

（2）大约 2 min 后，动力系统报警灯、充电报警指示灯、电池故障报警灯、制动系统报警灯、ABS 系统报警灯、冷却液温度报警灯均点亮，如图 4-13 所示。

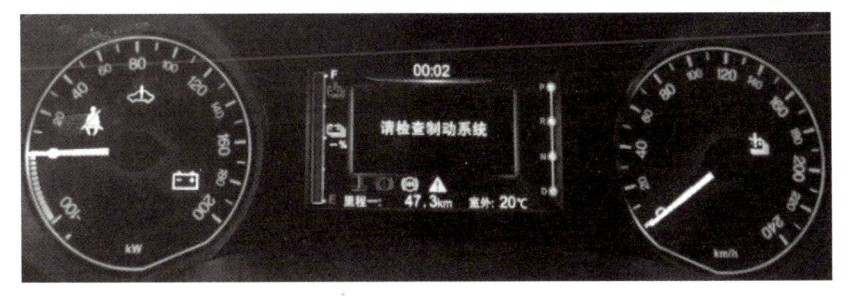

图 4-13　仪表状态（二）

（3）仪表文本循环显示"请及时充电""请检查制动系统""请检查 ABS 系统""请检查动力系统""请检查电子驻车系统""请检查转向系统"，如图 4-14 所示。

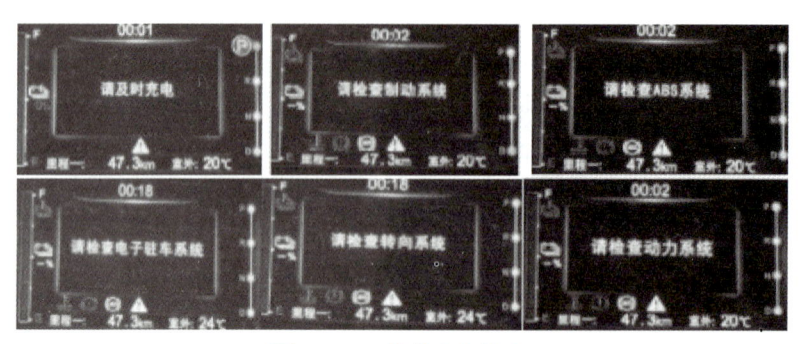

图 4-14　仪表文本状态

二、故障诊断与排除

1. 故障分析

根据故障灯点亮及仪表文本显示情况，表明车辆多套系统同时出现故障，而多套系统同时损坏的概率极小，重点考虑故障应为整车通信存在故障，造成相关模块无法将自检信息传输给仪表控制器，因此，仪表点亮相关系统故障灯、指示灯等，故障点重点考虑整车通信故障。

2. 故障诊断与过程

（1）连接诊断仪，读取故障码，如图 4-15 所示。发现在整车控制系统读取到故障码为 U016487、B17A300，在网关控制系统读取到故障码为 B12ED00，故障码的含义都与舒适 CAN 有关，因此下一步首先检查舒适 CAN 总线。

图 4-15　诊断仪读取故障码

（2）舒适 CAN-L 波形测量。网关控制器舒适 CAN 电路如图 4-16 所示。

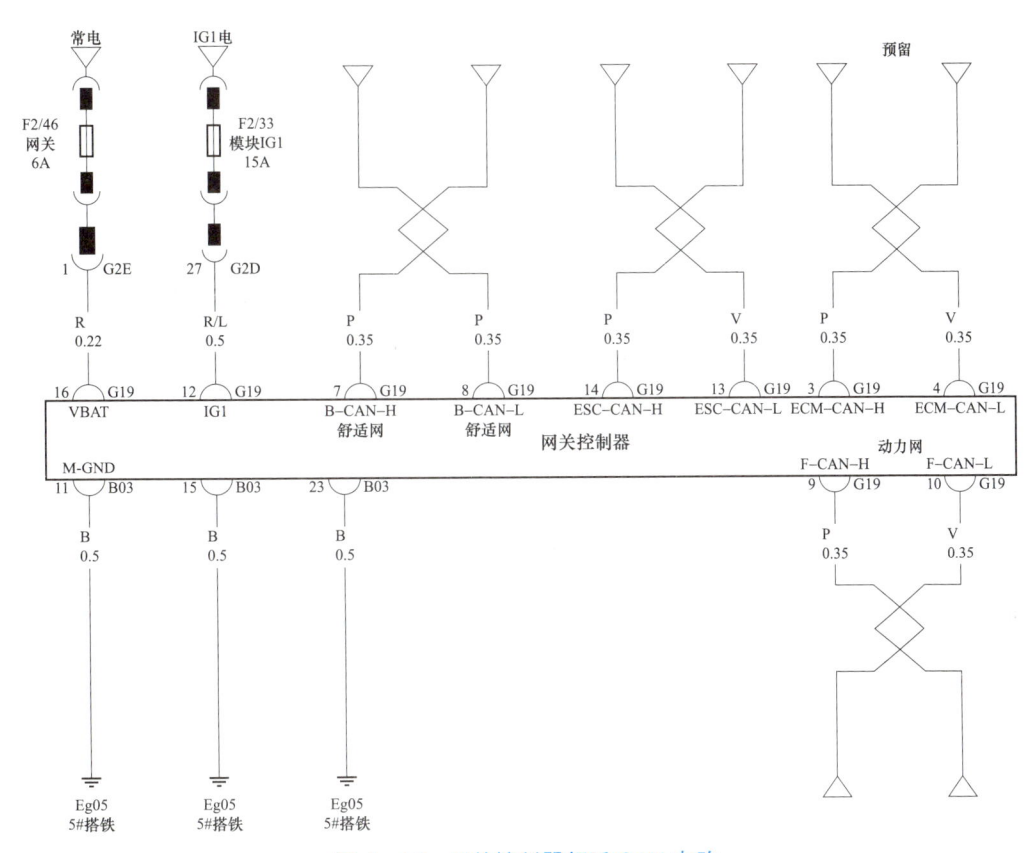

图 4-16　网关控制器舒适 CAN 电路

踩下制动踏板，打开点火开关，用示波器测量网关控制器的 G19/8 端子的对地波形，实测值为一显性电压为 0.1 V 信号，如图 4-17 所示，正常应为占空比信号，异常。

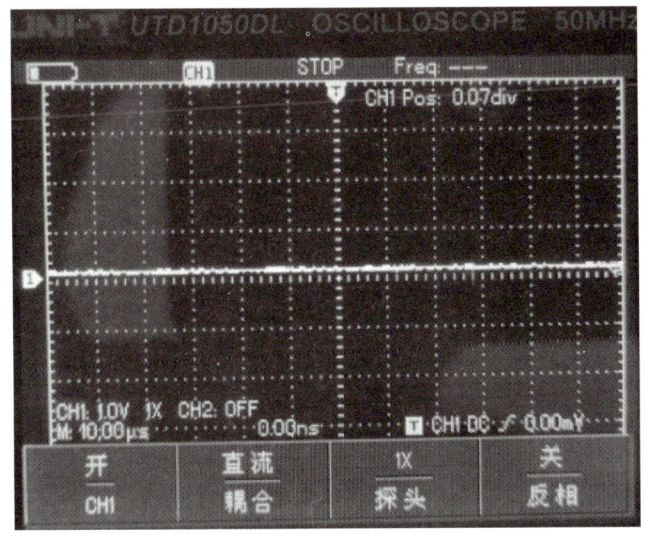

图 4-17　CAN-L 波形

（3）舒适 CAN-H 波形测量。踩下制动踏板，打开点火开关，用示波器测量网关控制器 G19/7 端子的对地波形，实测值为 0 V 的直线信号，如图 4-18 所示。

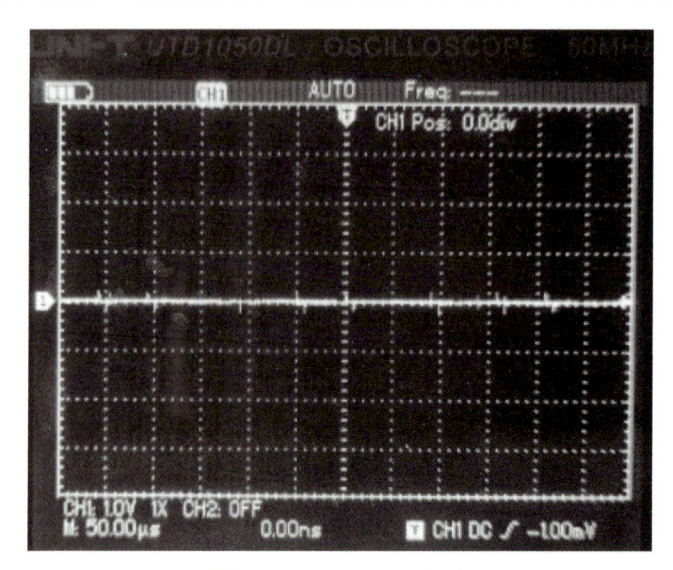

图 4-18　CAN-H 波形

由以上测量说明舒适 CAN 总线系统中的 CAN-H 线路存在接地故障。修复线路接地，故障排除。

3. 诊断结论

由于舒适 CAN 总线系统中的 CAN-H 线路存在接地故障，导致整车出现通信故障，修复损坏线路后故障排除。

4. 总结拓展

CAN 是控制器局域网络（Controller Area Network, CAN）的简称，是由德国 BOSCH 公司开发的，并最终成为国际标准（ISO 11898）。

1) CAN 总线的测量

（1）终端电阻的测量。

为了避免信号反射，在 2 个 CAN 总线上（在 CAN 网络中的距离最远）分别连接一个 120 Ω 的终端电阻，两个终端电阻并联，并构成一个 60 Ω 的等效电阻。关闭供电电源后可以在数据线之间测量这个等效电阻。60 Ω 等效电阻测量需要把一个便于拆装的控制单元从总线上脱开，然后在插头上测量 CAN-L 导线和 CAN-H 导线之间的电阻，如图 4-19（a）所示。

此外，单个电阻可以各自分开测量，如图 4-19（b）所示。

（2）CAN 总线的测量。

高速 CAN 正常时，万用表测量电压值分别为 2.6 V（CAN-H）、2.3 V（CAN-L），如图 4-20 所示。

图 4-19 终端电阻的测量
(a) 等效终端电阻测量；(b) 单个电阻测量

图 4-20 CAN 总线电压测量

高速 CAN 正常，示波器测量波形时，CAN-H（2.5～3.5 V 变化）、CAN-L（2.5～1.5 V 变化）正常波形如图 4-21 所示。

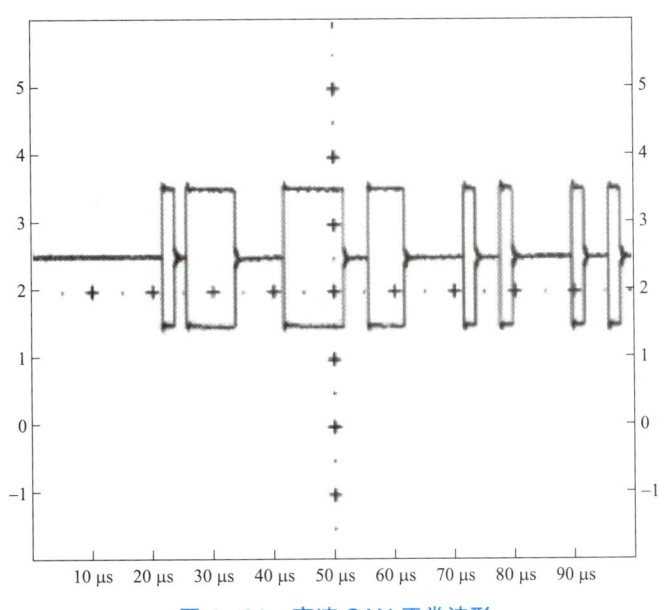

图 4-21 高速 CAN 正常波形

低速 CAN 正常时，万用表测量电压值分别是 0.2 V（CAN–H）、4.8 V（CAN–L），测量波形时 CAN–H（0～4 V 变化）、CAN–L（1～5 V 变化）正常波形如图 4–22 所示。

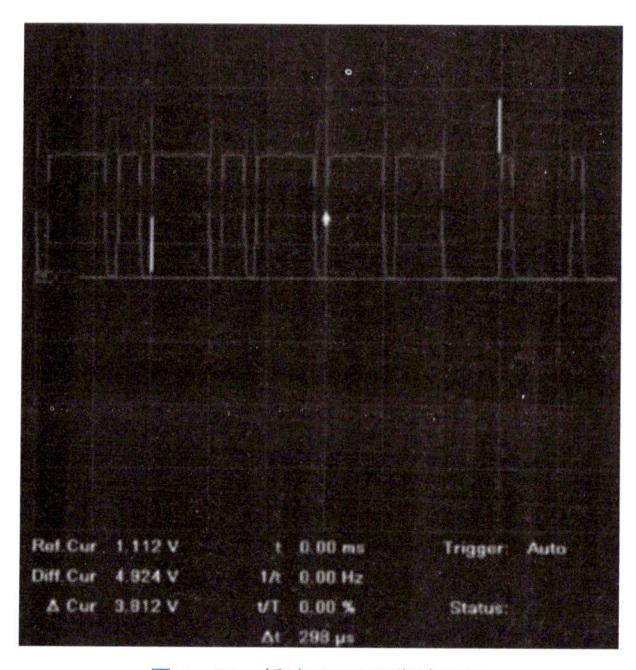

图 4–22　低速 CAN 正常波形图

2）CAN 总线常见故障

CAN 总线的故障形式包括 CAN-L 或 CAN-H 断路、CAN-L 或 CAN-H 对地短路、CAN-L 或 CAN-H 对电源短路、CAN-L 与 CAN-H 互短七种故障形式。

（1）CAN-H 断路。

CAN-H 断路波形如图 4–23 所示。

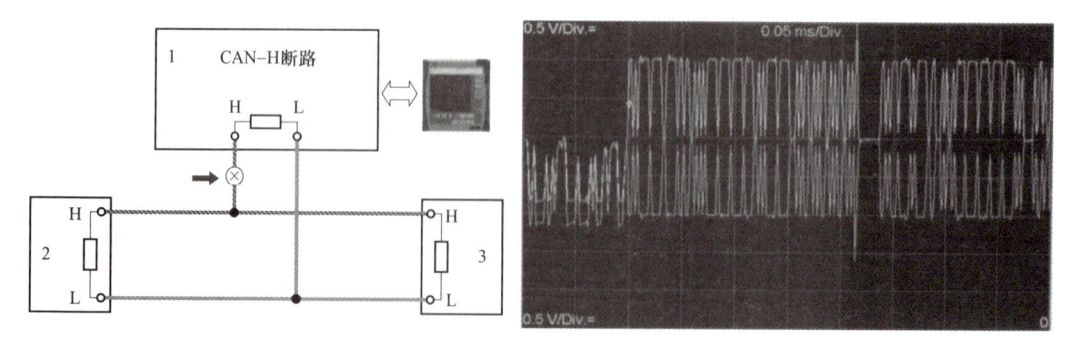

图 4–23　CAN-H 断路波形

（2）CAN-L 断路。

CAN-L 断路波形如图 4-24 所示。

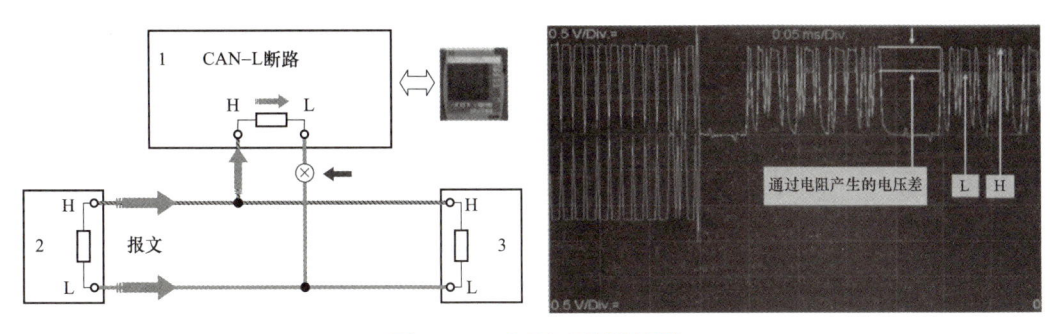

图 4-24　CAN-L 断路波形

（3）CAN-H 对地短路。

CAN-H 对地短路波形如图 4-25 所示。

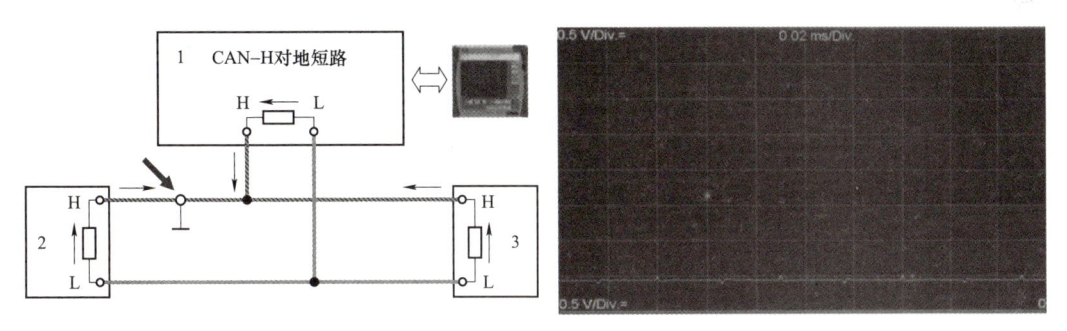

图 4-25　CAN-H 对地短路波形

（4）CAN-L 对地短路。

CAN-L 对地短路波形如图 4-26 所示。

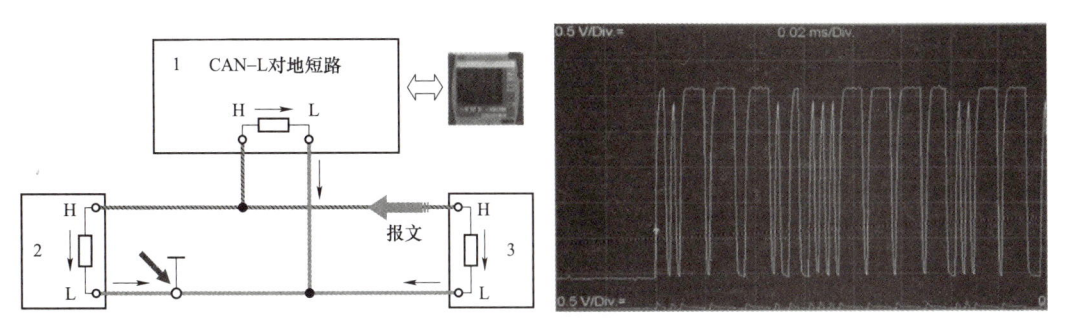

图 4-26　CAN-L 对地短路波形

（5）CAN-H 对电源短路。

CAN-H 对电源短路波形如图 4-27 所示。

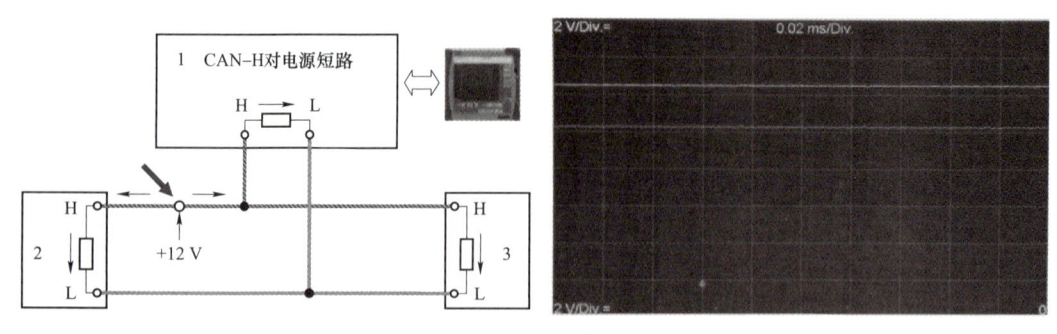

图 4-27　CAN-H 对电源短路波形

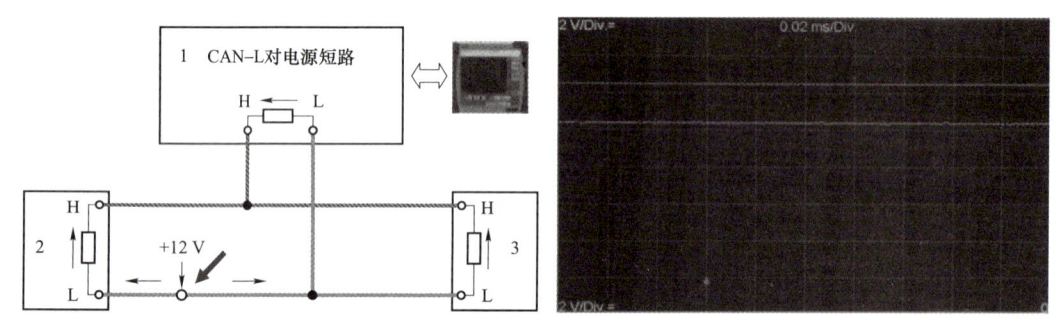

（6）CAN-L 对电源短路。

CAN-L 对电源短路波形如图 4-28 所示。

图 4-28　CAN-L 对电源短路波形

（7）CAN-L 与 CAN-H 互短。

CAN-L 与 CAN-H 互短波形如图 4-29 所示。

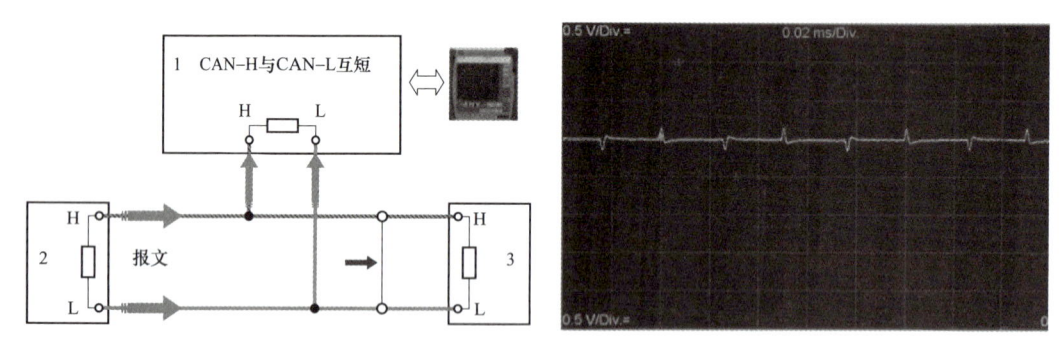

图 4-29　CAN-L 与 CAN-H 互短波形

项目五

高压互锁故障诊断

任务描述

一辆比亚迪 E5 汽车，顾客反映起动汽车，仪表正常点亮，但是"OK"灯不亮，高压不能上电，仪表文本显示"请检查动力系统"，请检查此现象并对故障进行维修。

素质目标

（1）培养学生掌握和接受新技术的能力及逻辑思维能力。
（2）严格执行汽车检修规范，树立良好的安全文明操作意识。
（3）养成团结协作精神。

知识目标

（1）掌握电动汽车高压互锁的作用及结构。
（2）掌握电动汽车高压互锁故障的诊断方法。

能力目标

（1）能准确根据故障现象进行故障机理分析。
（2）能使用诊断仪、示波器、万用表等常见设备对电动汽车高压互锁系统进行故障诊断检测。
（3）能够熟练排除高压互锁系统的常见故障。

原理解析

高压互锁（High Voltage Inter_lock，HVIL），是纯电动汽车上的一种利用低压信号监测高压回路完整性的安全设计措施。

高压互锁的作用在于高压互锁回路接通或断开的同时，电池控制器接收反馈信号，进而控制高压电路的通断。具体表现为以下几点：

（1）在整车上高压电之前，确保整个高压回路连接完整，提高安全性。
（2）在整车运行过程中，当高压系统的完整性遭到破坏时，断开整个高压回路并放电。

(3)可防止带电拔插时拉弧造成的损坏。

比亚迪 2019 款 E5 的高压互锁电路如图 5-1 所示，该车的高压互锁形式是有两条回路，分别叫作高压互锁回路 1 以及高压互锁回路 2。其中，高压互锁回路 1 主要连接的部件有电池控制器 BMS、动力电池包、充配电总成及维修开关；高压互锁回路 2 主要连接的部件有电池控制器 BMS 和充配电总成。

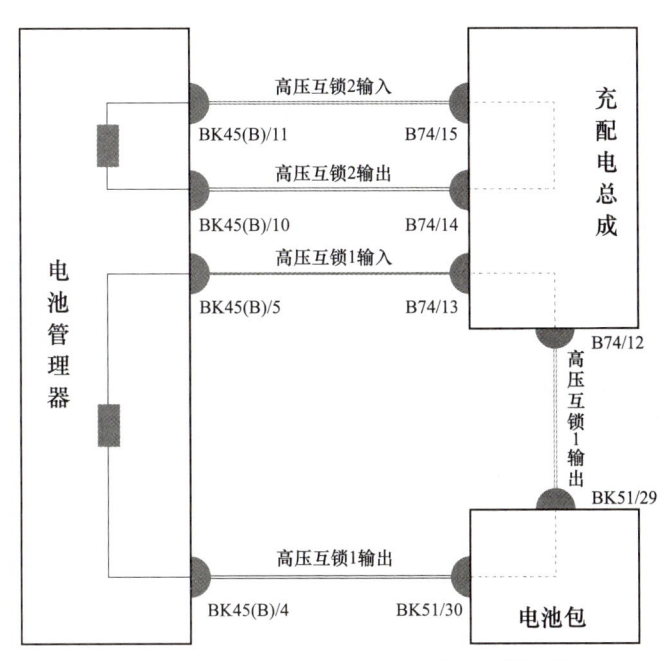

图 5-1　比亚迪 2019 款 E5 的高压互锁电路

检测信号是由电池控制器 BMS 的输出端发出的，在正常情况下使用示波器测量高压互锁回路 1 和高压互锁回路 2 中任意一点，都应该有 0～5 V 的占空比波形信号。

当线路中出现断路，导致高压互锁锁止时，以高压互锁回路 1 为例，使用手持式示波器检测 BMS 管理系统的 BK45（B）/4 端子（高压互锁回路 1 输出），其测量值是 5 V 左右的占空比信号；而在 BMS 管理系统的 BK45（B）/5 端子（高压互锁回路 1 输入）处使用手持式示波器检测，其测量值则是 5 V 的高电位信号。高压互锁回路 2 的输出和输入信号测试结果与高压互锁回路 1 相同。

BMS 管理系统就是通过检测高压互锁回路的输出数值与输入数值的差异来判断当前高压互锁线路中是否存在断路点的。若在自检时检测出现断路点，则 ECU 将停止继续上电的操作并存储故障码。

任务　高压互锁故障诊断

一、故障现象

门锁解锁正常，进入车内，踩下制动踏板，打开点火开关。
（1）"OK"灯不亮，高压不上电。
（2）仪表文本提示"请检查动力系统"，如图5-2所示。

图5-2　仪表状态

二、故障诊断与排除

1. 故障分析

"OK"灯不亮，说明高压电未上电；仪表除显示"请检查动力系统"外，无其他故障灯、指示灯点亮，也没有其他的文本提示，说明动力模块在自检过程中没有存储的故障码。因此，可能的故障原因重点考虑为上电执行控制侧的故障：

（1）高压互锁相关线路故障。
（2）主正接触器本身及其线路故障。
（3）主、负接触器本身及其线路故障。
（4）预充接触器本身及其线路故障。

2. 故障诊断与过程

（1）连接诊断仪，读取故障码，如图5-3所示。动力电池管理系统中故障码为P1A6000"高压互锁1故障"。

（2）电池控制器BMS互锁电路反馈信号测量，其电路图如图5-4所示。

踩下制动踏板，打开点火开关，用示波器测量电池控制器BMS的BK45（B）/5端子的对地波形，实测值为-4.5 V的直线，正常应为0~5 V占空比信号，异常。

图 5-3 诊断仪读取故障码

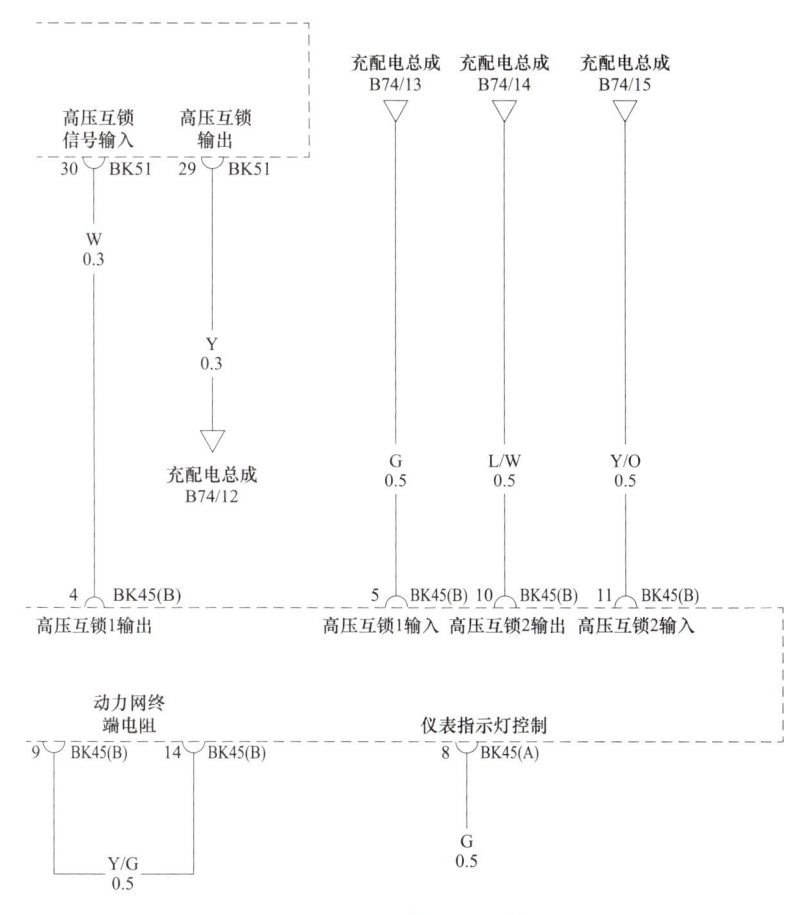

图 5-4 BMS 高压互锁电路

（3）电池控制器 BMS 互锁电路输出信号测量。

踩下制动踏板，打开点火开关，用示波器测量电池控制器 BMS 的 BK45（B）/4 端子的对地波形，实测值为 0～5 V 占空比波形，正常。

由以上测量说明电池控制器 BMS 互锁电路，输出信号正常，反馈信号异常，互锁电路存在断路情况。

下一步测量电池控制器 BMS 反馈信号的上游信号，即充配电总成的互锁电路输出信号。

（4）充配电总成互锁电路输出信号测量。

踩下制动踏板，打开点火开关，用示波器测量充配电总成 B74/13 端子的对地波形，实测值为 0～5 V 占空比波形信号，正常。

充配电总成互锁电路输出信号正常，而电池控制器 BMS 输入信号异常，说明两者之间互锁电路断路。

（5）充配电总成至电池控制器 BMS 之间互锁线路电阻测量。

关闭点火开关，断开蓄电池负极，分别拔下电池控制器、充配电总成插接器，用万用表测量电池控制器 BMS 的 BK45（B）/5 端子与充配电总成 B74/13 端子之间的电阻，电阻值为∞，异常。

3. 诊断结论

由于电池控制器 BMS 与充配电总成之间的互锁电路断路造成该车无法上电，"OK"灯不亮，故修复损坏线路后故障排除。

比亚迪 E5 汽车 BMS 通过高压互锁线路判断系统连接的完整性，保证高压上电后的整车安全使用。如果高压互锁线路出现故障，BMS 即确认高压线路连接不正常，有断路现象，为了防止安全事故发生，随即控制整车高压不上电。

4. 总结拓展

（1）按照线路特点高压互锁线路分为串联式和并联式两种，其检测模块可以是 BMS，也可以是 VCU。

① 串联式。

通过一条低压线路，将主要高压模块的模块端高压接插座和线束端的高压接插件短路连接，整车控制系统通过检测此线路上的信号即可知道高压部件连接的完整性，其连接结构如图 5-5 所示。

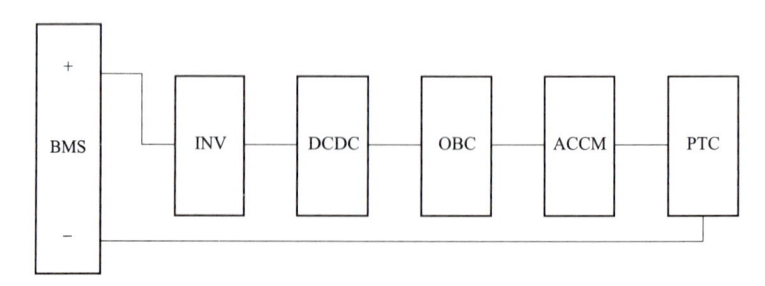

图 5-5 串联式互锁电路

② 并联式。

图 5-6 所示为并联式高压互锁线路连接原理图。每个高压接头互锁线路由模块单独检测，如果某一高压接插件连接状态出现故障，模块就会立即判断出故障部位，方便检测和维修。

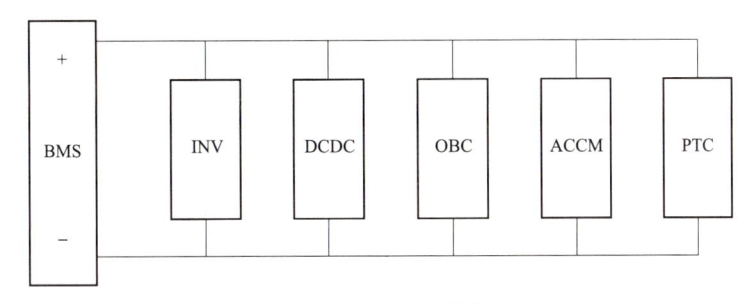

图 5-6 并联式互锁电路

（2）按照高压互锁线路的信号特点，目前可分为电压监测型、占空比监测型两种。

① 电压监测型。

VCU 通过内部线路输出一个恒压 9 V 左右的电压，通过高压互锁线路将所有高压元件以及高压线缆接插件串联起来，最后通过空调压缩机接插件连接至接地，如图 5-7 所示。当高压接插件及元件连接正常且无断开现象时，VCU 内部监测测点电压为 0 V；当高压接插件及元件连接有任一断开现象时，VCU 内部监测点电压为 9 V 左右。

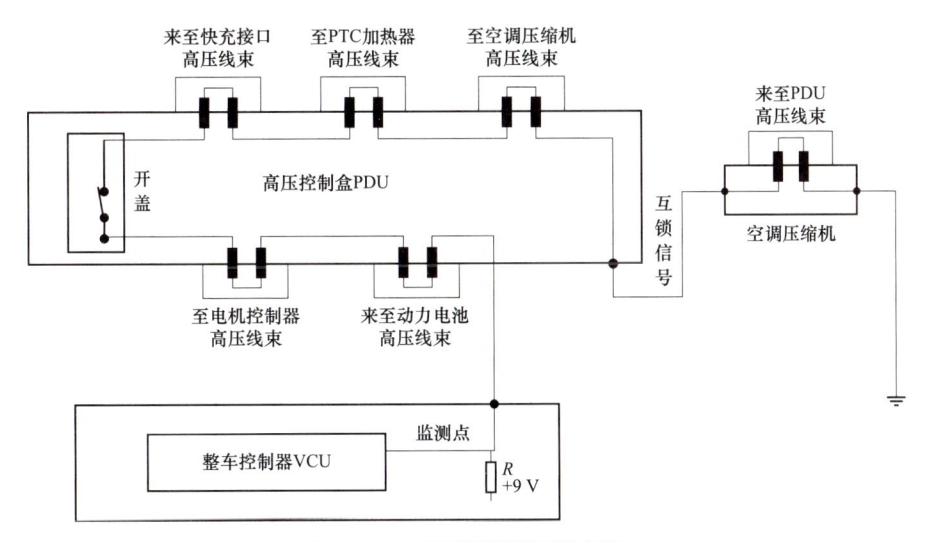

图 5-7 电压监测型互锁电路

② 占空比监测型。

整车控制系统通过模块内部产生一个频率恒定的占空比信号，输出至高压互锁信号输出线路，高压互锁线路将所有高压元件以及高压线缆接插件串联起来，最后通过检测回路回到整车控制系统，如图 5-8 所示。当高压接插件及元件连接正常且无断开现象时，VCU

内部检测到检测回路上为频率恒定的占空比信号，即判定高压系统连接状态处于完整状态；如果高压接插件及元件连接有任一断开现象，则 VCU 内部将检测不到频率恒定的占空比信号，即判定高压互锁断开，启动系统保护功能。

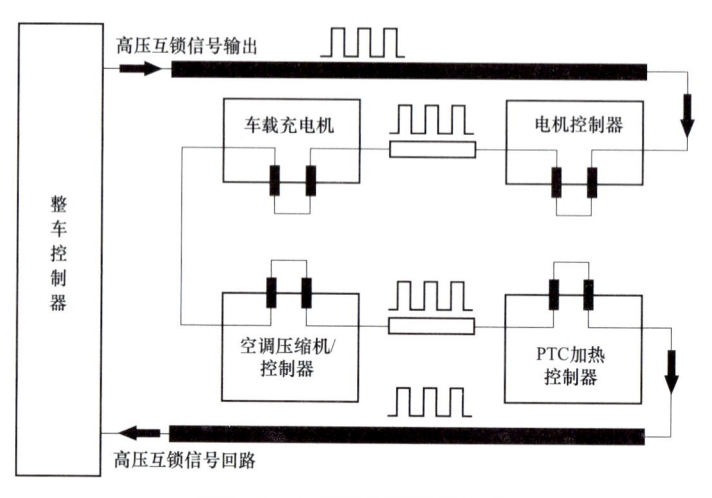

图 5-8 电压监测型互锁电路

项目六
预充失败故障诊断

任务描述

一辆比亚迪 E5 汽车,顾客反映起动汽车,仪表正常点亮,但是"OK"灯不亮,高压不能上电,仪表文本显示"请检查动力系统",请检查此现象并对故障进行维修。

素质目标

(1)培养学生主动思考、掌握和接受新技术的能力,以及逻辑思维能力;
(2)严格执行汽车检修规范,树立良好的安全文明操作意识;
(3)养成团结协作精神。

知识目标

(1)掌握电动汽车高压上电主正、主负及预充接触器的控制原理;
(2)掌握电动汽车预充的作用及控制逻辑。

能力目标

(1)能正确使用测量工具;
(2)能准确根据故障现象进行故障机理分析,并根据故障分析制定合理的故障诊断方案;
(3)能使用诊断仪、示波器、万用表等常见设备对电动汽车主正、主负、预充接触器故障导致高压不上电进行诊断、检测和排除。

原理解析

为了确保整车上、下电的安全性和可靠性,必须严格定义各电气部件的上、下电流程,且各电气部件的上、下电状态必须经各控制器及时反馈给 BMS,进行"握手"确认后才执行下一步上、下电操作,否则会导致意外事故。

1. 上电模式

图 6-1 所示为整车高压上电控制逻辑图。当 BCM 同时监测到点火开关的启动电信号

(Key-ST 信号) 和制动开关信号后，即发出 WAKE-UP 信号，然后 BCM 接通 ACC、IG (IG1、IG2、IC3、IG4) 继电器，整车进入低压上电及低压检测模式，同时唤醒所有 CAN 总线。

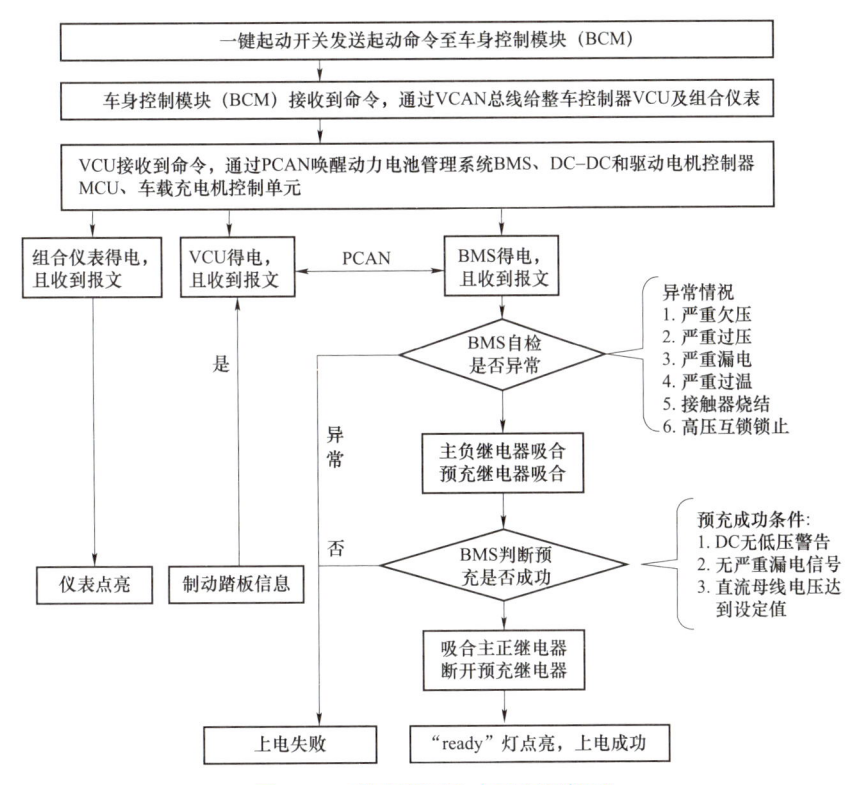

图 6-1 整车高压上电控制逻辑图

BMS、VCU、充配电管理单元、MCU、空调压缩机控制器、PTC 加热控制器被唤醒后即启动自检模式，各自读取系统故障代码，同时检测高压互锁是否完整，以及进行单体电芯的循环检测。如果某模块内部出现严重故障代码或高压互锁、单体电芯（温度、电压）、CAN 通信、动力系统防盗有一项异常，将停止上电流程，同时将故障信息通过 CAN 总线发送至组合仪表，组合仪表显示故障信息或点亮故障指示灯。

在以上检测完成且正常后，BMS 闭合主负接触器，并对负极接触器断路、预充电阻断路、预充继电器粘连、主接触器粘连进行检测，如果检测成功，则闭合预充继电器。由于电动机及高压线路中包含容性、感性元件，为防止过大的电流对这些元件造成冲击，如果主、负接触器闭合后检测成功，则先闭合预充继电器，使车辆进入预充电状态。

在预充阶段，BMS 对预充继电器断路、整车高压绝缘进行检测。如果此时 BMS 检测预充继电器断路或整车高压绝缘异常，则停止上电流程，且系统生成并存储故障代码，同时将故障信息通过 CAN 总线发送至组合仪表，组合仪表显示故障信息或点亮故障指示灯。

当预充电阻两端电压达到母线电压的 90% 时，BMS 闭合主接触器，并对主接触器断路进行检测，如果检测通过，则断开预充继电器，车辆进入放电模式。BMS 通过动力 CAN 发送系统准备完成、高压系统已上电信息，组合仪表接收到发送的信息后，点亮仪表上绿色"OK"指示灯，上电完成。如果此时 BMS 检测主接触器异常，将停止上电流程，且系统生成并存储故障代码，同时将故障信息通过 CAN 总线发送至组合仪表，组合仪表显示故障信息或点亮故障指示灯。主负继电器、预充继电器的控制线路原理图如图 6-2 所示。

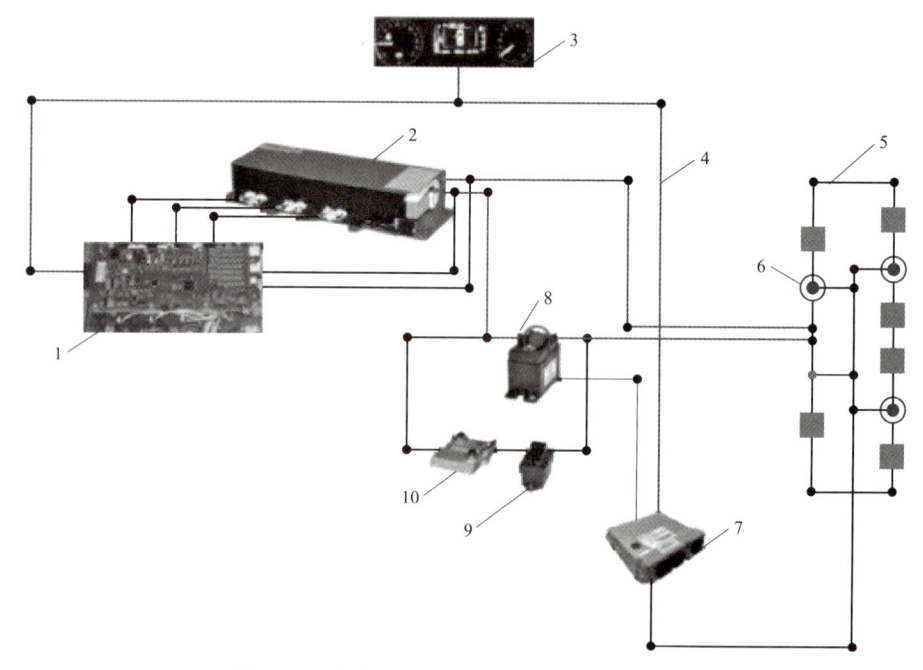

图 6-2 主负、预充继电器控制线路原理图

1—VTOG DSP2；2—薄膜电容；3—仪表；4—动力 CAN；5—动力电池；
6—负极接触器；7—BMS 电池管理器；8—主接触器；9—预充继电器；10—预充电阻

目前纯电动轿车的低压电源一般由 12 V 的铅酸低压蓄电池提供，不仅要为低压控制系统供电，还需为转向助力电动机、刮水器电动机、安全气囊及后视镜调节电动机等提供电源。为保证低压蓄电池能持续为整车控制系统供电，低压蓄电池要有充电电源，而 DC-DC 直流转换器即可满足此需求。因此，点火开关打开或车辆充电，主正继电器闭合，即高压上电完成后系统也会启动 DC-DC 直流转换器，以保证低压电源持续供电。

2. 下电模式

在车辆下电时，BCM 接收到点火开关"OFF"命令，通过动力 CAN 总线发送至 VCU，VCU 解析信号后通过动力 CAN 首先发送至充配电管理单元，充配电管理单元接收到点火开关"OFF"命令后关断 DC-DC 控制，低压 12 V 输出停止；DC 停止后，再向 BMS 发送下电指令，BMS 接收到下电命令，依次断开主正和主负接触器，高压下电，整车进入下电模式，具体流程如图6-3所示。

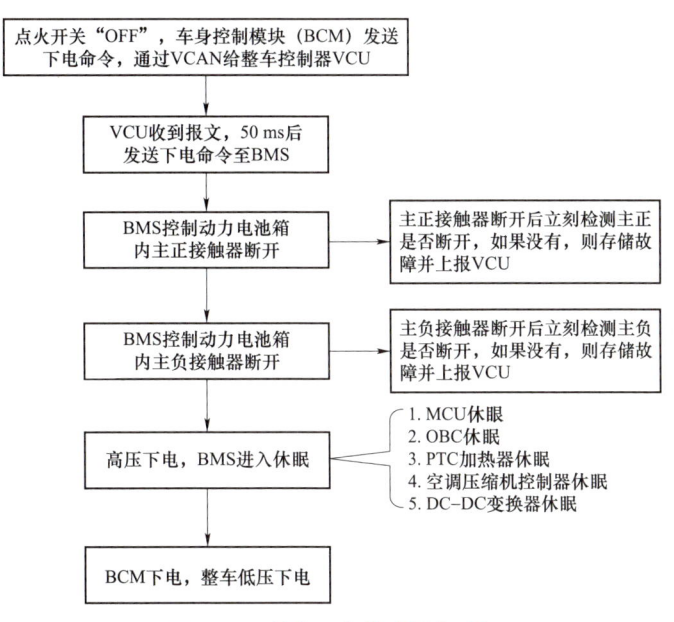

```
点火开关"OFF"，车身控制模块（BCM）发送
下电命令，通过VCAN给整车控制器VCU
            ↓
VCU收到报文，50 ms后
发送下电命令至BMS
            ↓
BMS控制动力电池箱 ────→ 主正接触器断开后立刻检测主正
内主正接触器断开          是否断开，如果没有，则存储故
                          障并上报VCU
            ↓
BMS控制动力电池箱 ────→ 主负接触器断开后立刻检测主负
内主负接触器断开          是否断开，如果没有，则存储故
                          障并上报VCU
            ↓              1. MCU休眠
高压下电，BMS进入休眠 ──→ 2. OBC休眠
                          3. PTC加热器休眠
                          4. 空调压缩机控制器休眠
            ↓              5. DC-DC变换器休眠
BCM下电，整车低压下电
```

图6-3 整车下电模式具体流程

在上、下电及充电过程中，高压线路有不同的路径，所以对路径要进行单独的控制和切换，这些切换控制都是由动力电池组内部的接触器完成，从而实现电源分配、接通和断开。动力电池内部有3个接触器，分别为主接触器、主负接触器、预充接触器，其中主接触器主要控制动力电池输出的高压电流向负载；预充接触器的作用是保护电动机以及内部大容量电容等感性负载（在初始接通状态下，通过预充电阻限流，从而使得不会因为电流过大而损坏元器件）；主负接触器主要负责动力电池电能输出，断开后动力电池电能将无法输出。

任务 6.1　BMS 的主负接触器控制故障诊断

一、故障现象

车门解锁正常，打开车门，进入车内，踩下制动踏板，打开点火开关：
（1）SOC 正常，但"OK"灯不亮，高压不上电。
（2）仪表文字提示："请检查动力系统"，如图 6-4 所示。

图 6-4　仪表状态

二、故障诊断与排除

1. 故障分析

"OK"灯不亮，说明高压电未上电；仪表除显示"请检查动力系统"外，无其他故障灯、指示灯点亮，也没有其他的文本提示，说明动力模块在自检过程中没有存储的故障。因此可能的故障原因重点考虑为上电执行控制侧的故障，可能原因如下：
（1）高压互锁相关线路故障。
（2）主正接触器本身及其线路故障。
（3）主负接触器本身及其线路故障。
（4）预充接触器本身及其线路故障。
（5）BMS 的 IG 电源故障。

2. 故障诊断与过程

（1）连接诊断仪，读取故障码，如图 6-5 所示。在电池控制器系统中读取到故障码：P1A3400，"预充失败故障"；P1A3D00，"负极接触器回检故障"。根据故障码提示，分析故障可能原因为负极接触器控制电路故障造成系统无法预充，因此生成故障码。

项目六
预充失败故障诊断

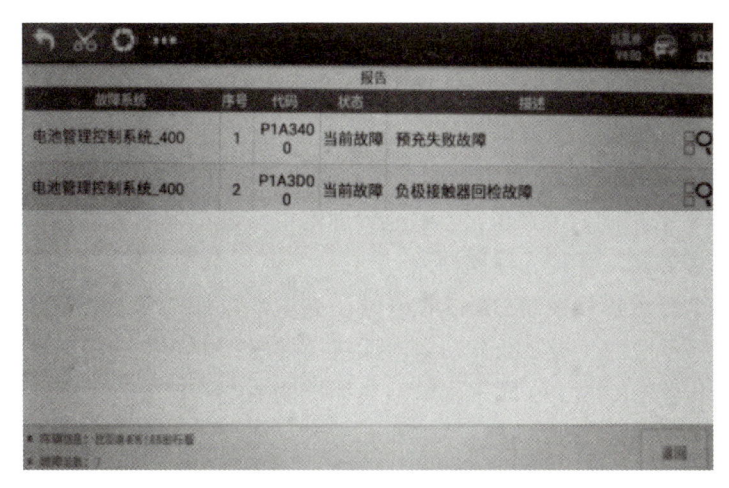

图 6-5 诊断仪读取故障码

（2）测量动力电池包主负继电器控制信号，其电路如图 6-6 所示。

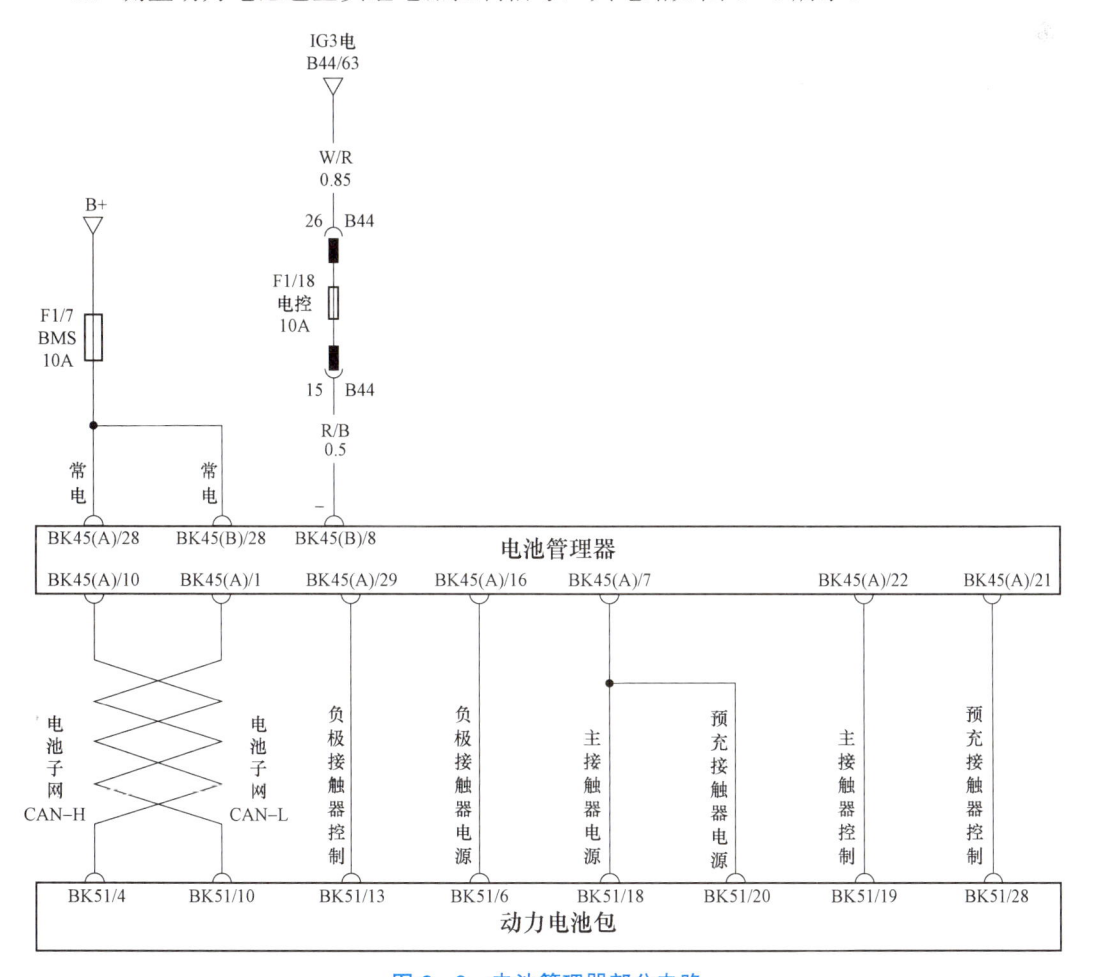

图 6-6 电池管理器部分电路

089

在打开起动按钮的瞬间，用万用表测量电池包插接器 BK51/13 端子的对地电压，实测值为 0 V 不变，异常，正常值应为 +B−0 V 的控制信号。

（3）测量电池管理器主负继电器控制信号。

在打开起动按钮的瞬间，用万用表测量电池管理器插接器 BK45A/29 端子的对地电压，实测值为 +B−0 V 的控制信号，正常。电池管理器主负继电器的控制输出信号正常，而电池包侧的控制信号异常，怀疑为线路断路。

（4）测量电池管理器插接器 BK45A/29 端子到电池包插接器 BK51/13 端子的电阻。关闭起动按钮，拔下蓄电池负极，断开动力电池包插接器和电池管理器插接器，用万用表测量电池管理器插接器 BK45A/29 端子到电池包插接器 BK51/13 端子之间的电阻值，实测值为 ∞，异常，线路断路。

3. 诊断结论

由于电池管理器插接器 BK45A/29 端子到电池包插接器 BK51/13 端子之间线路断路，导致预充继电器控制故障，故造成此故障。

4. 总结拓展

BMS 的主负接触器控制原理与主正接触器控制原理相同，因此其故障诊断方法相同，不再赘述。

任务 6.2　BMS 的预充接触器控制故障诊断

一、故障现象

车门解锁正常，打开车门，进入车内，踩下制动踏板，打开点火开关：
（1）SOC 正常，但"OK"灯不亮，高压不上电。
（2）仪表文字提示："请检查动力系统"，如图 6-7 所示。

图 6-7　仪表状态

二、故障诊断与排除

1. 故障分析

"OK"灯不亮，说明高压电未上电；仪表除显示"请检查动力系统"外，无其他故障灯、指示灯点亮，也没有其他的文本提示，说明动力模块在自检过程中没有存储的故障码。因此可能的故障原因重点考虑为上电执行控制侧的故障，可能原因如下：
（1）高压互锁相关线路故障。
（2）主正接触器本身及其线路故障。
（3）主负接触器本身及其线路故障。
（4）预充接触器本身及其线路故障。
（5）BMS 的 IG 电源故障。

2. 故障诊断与过程

（1）连接诊断仪，读取故障码，如图 6-8 所示。在电池控制器系统中读取到故障码：P1A3E00，"主接触器回检故障"；P1A3F00，"预充接触器回检故障"。根据故障码提示，分析故障可能原因为主接触器控制故障或预充继电器控制故障，而根据控制原理只有在完成预充过程才会接通主接触器，因此首先排除预充控制故障。

图 6-8 诊断仪读取故障码

（2）测量动力电池包预充继电器控制信号，其电路图如图 6-9 所示。

在打开启动按钮的瞬间，用万用表测量电池包插接器 BK51/28 端子的对地电压，实测值为 0 V 不变，异常，正常值应为 +B-0 V-+B 的控制信号。

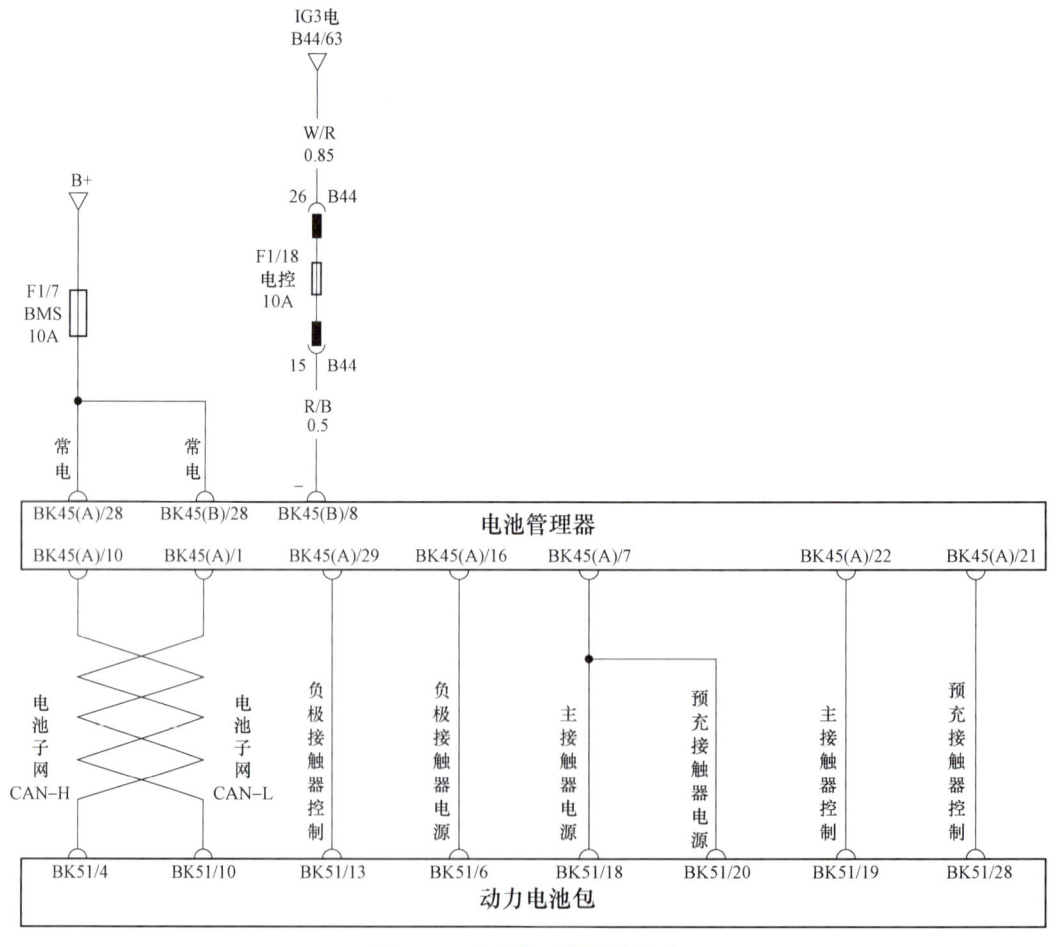

图 6-9 电池管理器部分电路

电池包预充继电器控制信号来自电池管理器，下一步测量电池管理器预充继电器的控制输出信号。

（3）测量电池管理器预充继电器控制信号。

在打开起动按钮的瞬间，用万用表测量电池管理器插接器 BK45A/21 端子的对地电压，实测值为 +B－0 V－+B 的控制信号，正常。电池管理器预充继电器的控制输出信号正常，而电池包侧的控制信号异常，怀疑为线路断路。

（4）测量电池管理器插接器 BK45A/21 端子到电池包插接器 BK51/28 端子的电阻。

关闭起动按钮，拔下蓄电池负极，断开动力电池包插接器和电池管理器插接器，用万用表测量电池管理器插接器 BK45A/21 端子到电池包插接器 BK51/28 端子之间的电阻值，实测值为∞，异常，线路断路。

3. 诊断结论

由于电池管理器插接器 BK45A/21 端子到电池包插接器 BK51/28 端子之间线路断路，导致预充继电器控制故障，故造成此故障。

任务 6.3　BMS 的 IG3 供电故障诊断

一、故障现象

车门解锁正常，打开车门，进入车内，踩下制动踏板，打开点火开关：
（1）SOC 正常，但"OK"灯不亮，高压不上电。
（2）仪表文字提示："请检查动力系统"，如图 6-10 所示。

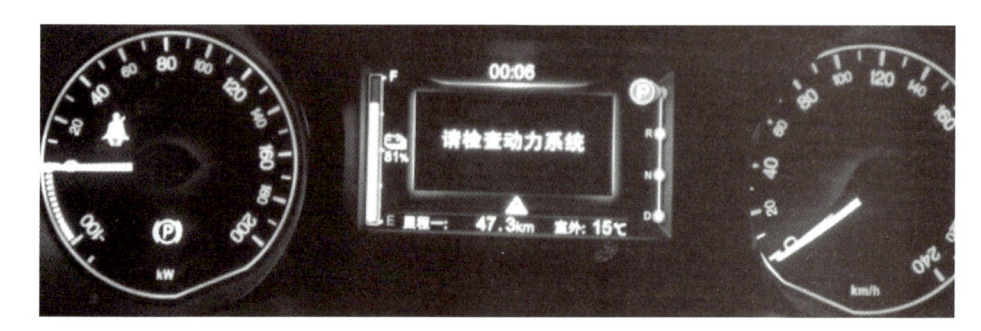

图 6-10　仪表状态

二、故障诊断与排除

1. 故障分析

"OK"灯不亮，说明高压电未上电；仪表除显示"请检查动力系统"外，无其他故障灯、指示灯点亮，也没有其他的文本提示，说明动力模块在自检过程中没有存储的故障码。因此可能的故障原因重点考虑为上电执行控制侧的故障，可能原因如下：
（1）高压互锁相关线路故障。
（2）主正接触器本身及其线路故障。
（3）主负接触器本身及其线路故障。
（4）预充接触器本身及其线路故障。
（5）BMS 的 IG 电源故障。

2. 故障诊断与过程

（1）连接诊断仪，读取故障码，如图 6-11 所示。在电池控制器系统中读取到故障码：P1A3400，"预充失败故障"。

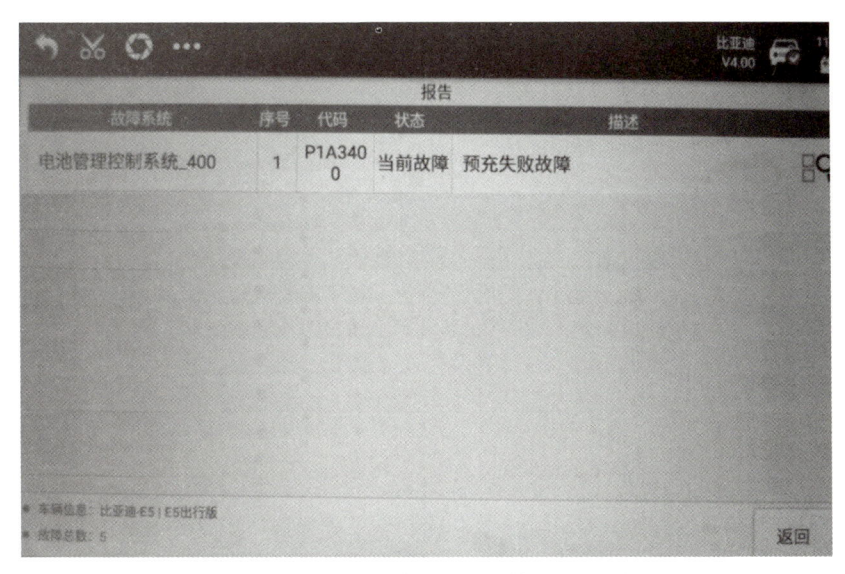

图 6-11 诊断仪读取故障码

（2）读取数据流。打开点火开关进入电池控制器读取相关数据流，如图 6-12 所示，发现主正、主负接触器状态都显示为"断开"，预充状态显示"未预充"。

图 6-12 诊断仪读取数据流

根据故障码、数据流判断车辆预充失败，而造成车辆预充失败的故障原因不单单只有预充接触器故障，其他故障如 BMS 的 IG 电源故障、母线开路、绝缘故障、主负接触器故障都会造成预充失败。因此，下一步首先测量预充接触器供电、控制电路。

（3）测量预充接触器供电、控制电路，其电路图如图 6-13 所示。

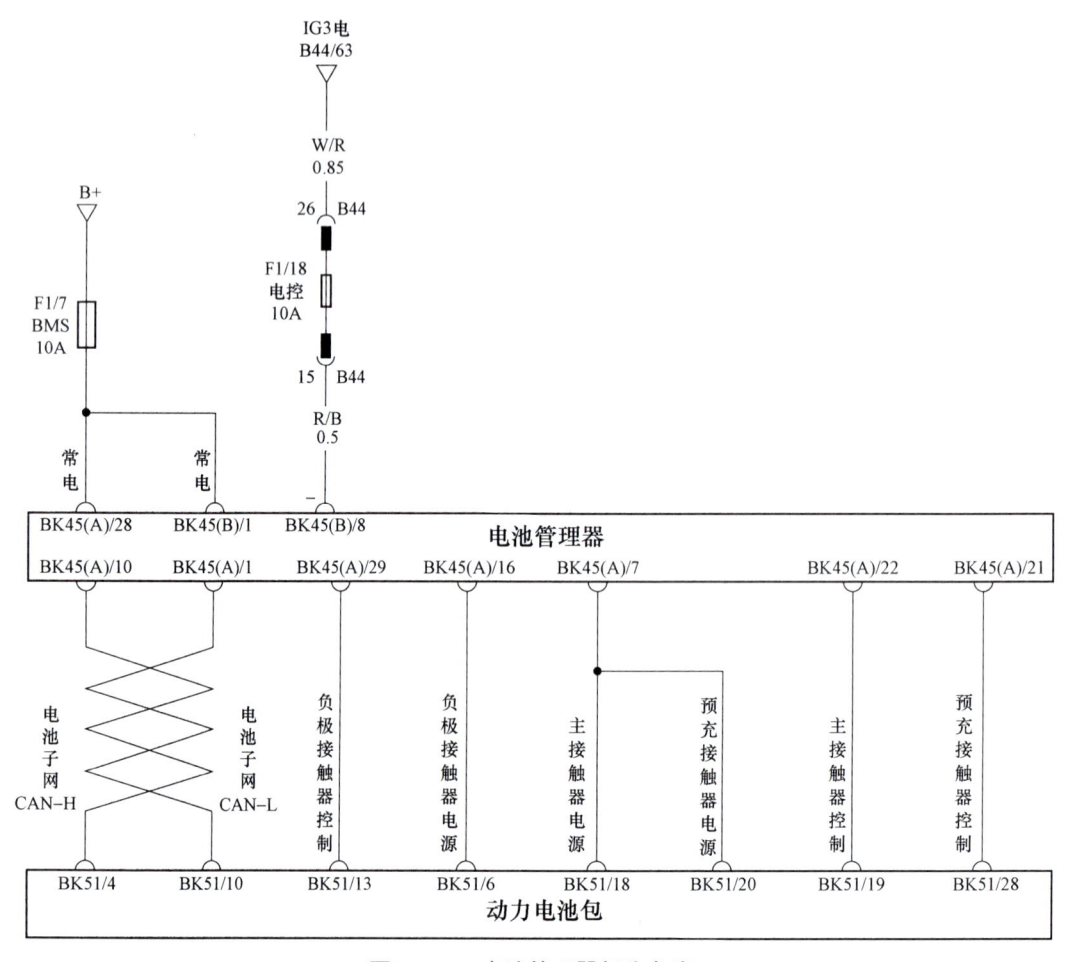

图 6-13 电池管理器部分电路

打开点火开关,用万用表测量电池控制器 BMS 的 BK45A/7 端子及 BK45A/21 端子的对地电压,正常为+B、0 V,实测均为 0 V,异常。说明预充接触器无供电,预充接触器的供电来自电池控制器的 IG 电源,故下一步测量 BMS 的 IG 电源。

(4)电池控制器 IG 电源测量。

打开点火开关,用万用表测量电池控制器 BMS 的 BK45B/8 端子的对地电压,正常为+B,实测为 0 V,异常。说明电池控制器无 IG 供电,下一步测量 IG 电源的上游供电线路。

(5)测量保险 F1/18 的工作电压。

打开点火开关,用万用表测量保险 F1/18 两端电压,输入端为 12.4 V,输出端也为 12.4 V,正常。保险输出正常,电池控制器 BMS 的 IG 电源异常,说明保险输出端到 BMS 的 BK45B/8 端子之间线路断路。

(6)断开蓄电池负极,断开电池控制器 BMS 连接器,测量保险 F1/18 输出端到电池控制器 BMS 的 BK45B/8 端子之间的线路电阻，电阻为∞，线路断路。

3. 诊断结论

由于保险 F1/18 输出端到电池控制器 BMS 的 BK45B/8 端子之间的线路断路，造成 BMS 无 IG 供电，从而造成主正、主负、预充接触器都没有供电电源，导致故障发生，修复线路后故障排除。

项目七
车辆无法行驶故障诊断

任务描述

一辆比亚迪 E5 汽车，顾客反映起动汽车，仪表正常点亮，"OK"灯点亮，仪表文本显示"请检查动力系统"，车辆无法正常行驶，请检查此现象并对故障进行维修。

素质目标

（1）培养学生掌握和接受新技术的能力及逻辑思维能力；
（2）严格执行汽车检修规范，树立良好的安全文明操作意识；
（3）养成团结协作精神。

知识目标

（1）掌握电动汽车整车工作模式；
（2）掌握电动汽车无法正常行驶的故障诊断方法。

能力目标

（1）能准确根据故障现象进行故障机理分析；
（2）能使用诊断仪、示波器、万用表等常见设备对电动汽车驱动控制系统进行故障诊断检测；
（3）能够熟练排除驱动控制系统的常见故障。

原理解析

电动汽车整车分为两个工作模式：充电模式、行驶模式。车辆在运行过程中，控制模块周期执行整车模式判断，其中，充电模式优先于行驶模式。

在整车行驶模式中，整车控制器将进行整车的动力输出控制，其核心主要包括工况判断、需求扭矩、扭矩限制、扭矩输出四部分，其控制逻辑图如图 7-1 所示。

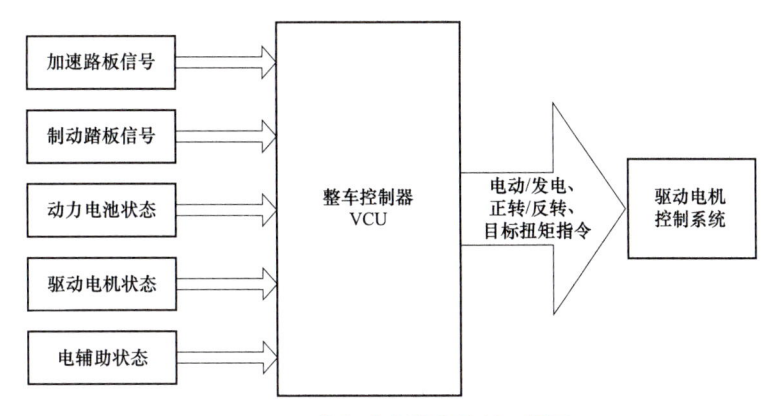

图 7-1　整车动力输出控制逻辑图

1. 工况判断——反映驾驶员的驾驶意图

通过整车状态信息（加速/制动踏板位置、当前车速和整车是否有故障信息等）来判断出当前需要的整车驾驶需求，即整车工况。常见整车工况如下：

（1）紧急故障工况。
（2）怠速工况。
（3）加速工况。
（4）能量回收工况。
（5）零扭矩工况。
（6）跛行工况等。

2. 扭矩需求——驾驶员驾驶意图的转换

根据判断得出的整车工况，结合动力电池系统和电机驱动系统状态，计算出当前车辆需要的扭矩。不同工况扭矩需求如下：

（1）紧急故障工况：零扭矩后切断高压。
（2）怠速工况：目标车速 7 km/h。
（3）加速工况：加速踏板的跟随。
（4）能量回收工况：发电。
（5）零扭矩工况：零扭矩。
（6）跛行工况：限功率、限车速。

3. 扭矩限制与输出——驾驶员驾驶意图的实现

根据整车当前的参数和状态计算出当前车辆的扭矩能力，根据当前车辆需要的扭矩计算出合理的最终需要输出的扭矩。扭矩限制因素如下：

（1）动力电池的允许充放电功率：温度、SOC。
（2）驱动电机的驱动扭矩/制动扭矩：温度。
（3）电辅助系统工作情况：放电、发电。
（4）最大车速限制：前进挡和倒车挡。

任务 7.1　加速踏板故障诊断

一、故障现象

（1）踩下制动踏板，打开点火开关，"OK"灯点亮，高压上电，SOC 正常，但动力系统故障指示灯点亮，同时仪表文本提示："请检查动力系统"，如图 7-2 所示。

图 7-2　仪表状态（一）

（2）挂 R 或 D 挡位行驶，仪表文本提示："车辆处于可行驶状态，请小心驾驶"，如图 7-3 所示，但车辆无法行驶。

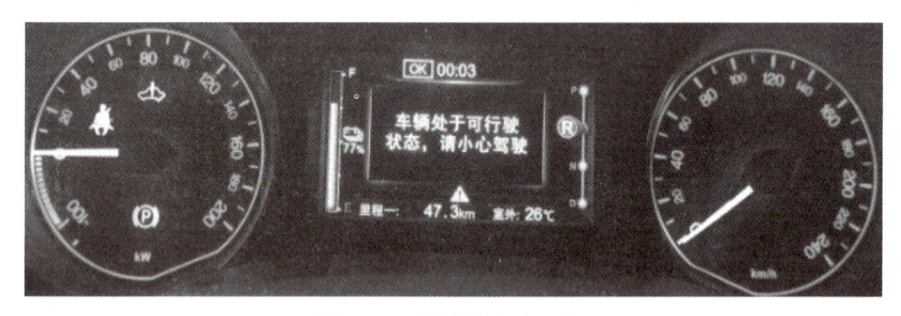

图 7-3　仪表状态（二）

二、故障诊断与排除

1. 故障分析

由于整车可以上高压电，只是车辆无法行驶，因此怀疑是车辆在行驶模式时，整车控制器无法接收到关键传感器信息，因此导致整车控制器无法进行正确的动力输出控制，从而使车辆进入保护模式无法行驶，其可能的故障原因如下：

（1）加速踏板位置传感器自身及线路故障。

（2）挡位传感器自身及线路故障。

（3）制动信号故障。

（4）整车控制器局部故障。

2. 故障诊断与过程

（1）连接诊断仪，读取故障码，如图 7-4 所示。在整车控制器中读取到故障码：P1D7B00，"油门信号故障-1信号故障"；P1D6600，"油门信号故障-校验故障"。

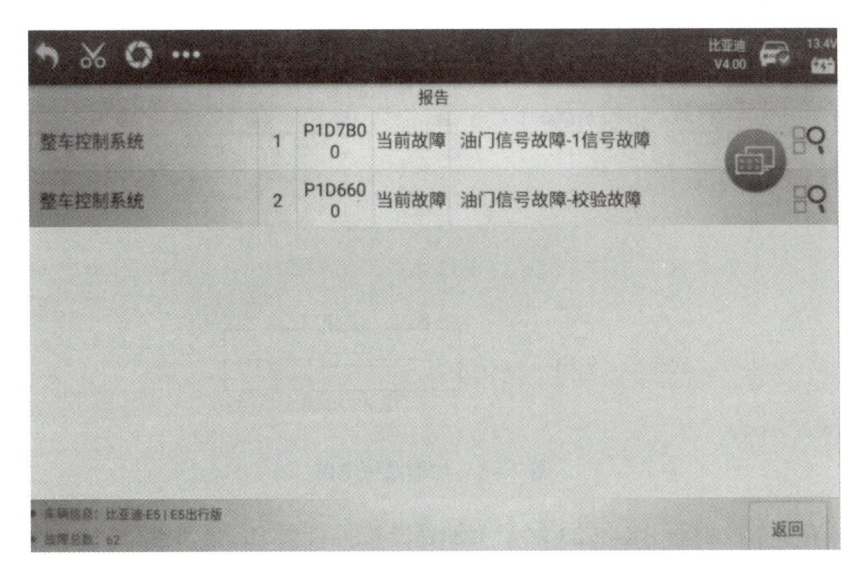

图 7-4 诊断仪读取故障码

根据故障码判断车辆加速踏板 1 信号故障，而造成加速踏板 1 信号故障的原因可能有供电故障、搭铁故障、信号故障以及加速踏板传感器本身故障。因此，下一步首先测量加速踏板 1 的供电、搭铁电路，加速踏板电路如图 7-5 所示。

（2）测量加速踏板侧加速踏板深度电源 1、加速踏板深度 1 的状态。

踩下制动踏板，按下起动按钮，用万用表测量加速踏板插接器 BG44/3、BG44/5 端子的对地电压。实测 BG44/3、BG44/5 端子的对地电压均为 0 V，说明加速踏板 1 信号的搭铁正常，输入供电异常。下一步测量其输入供电端的上游供电线路，其输入供电来自整车控制器输出供电。

（3）测量整车控制器输出供电状态。

踩下制动踏板，按下起动按钮，用万用表测量整车控制器 BK49/23 端子的对地电压，实测值为 4.98 V，正常。由此说明整车控制器的输出供电正常，而加速踏板侧输入供电异常，怀疑线路断路，下一步测量线路电阻。

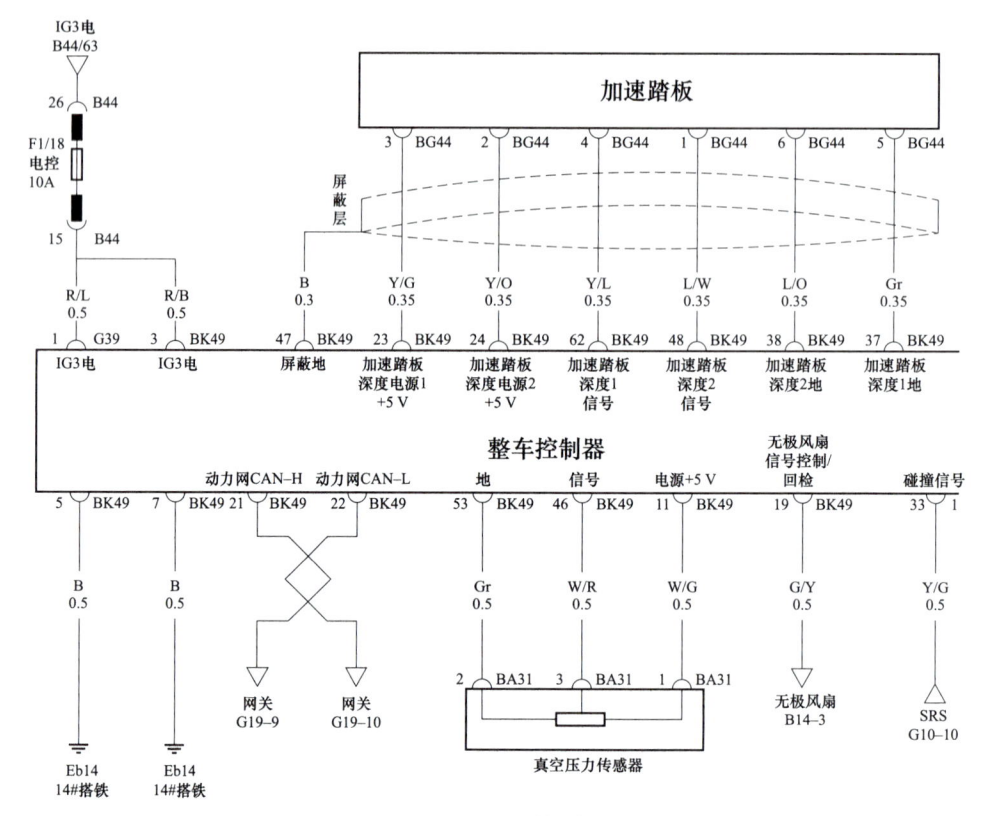

图 7-5 加速踏板电路

（4）测量整车控制器 BK49/23 端子至加速踏板插接器 BG44/3 端子之间的电阻。

断开蓄电池负极，拔下加速踏板插接器 BG44、整车控制器插接器 BK49，用万用表测量整车控制器 BK49/23 端子至加速踏板插接器 BG44/3 端子之间的电阻，实测值为∞，异常，线路断路。

3. 诊断结论

由于整车控制器 BK49/23 端子至加速踏板插接器 BG44/3 端子之间的线路断路，导致故障发生，修复线路，故障排除。

任务 7.2　真空压力传感器故障诊断

一、故障现象

（1）踩下制动踏板，打开点火开关，"OK"灯点亮，高压上电，SOC 正常，踩踏制动踏板，汽车前舱电动真空泵始终发出处于工作状态的"嗡嗡"声，同时仪表文本提示："请检查制动系统"，如图 7-6 所示。

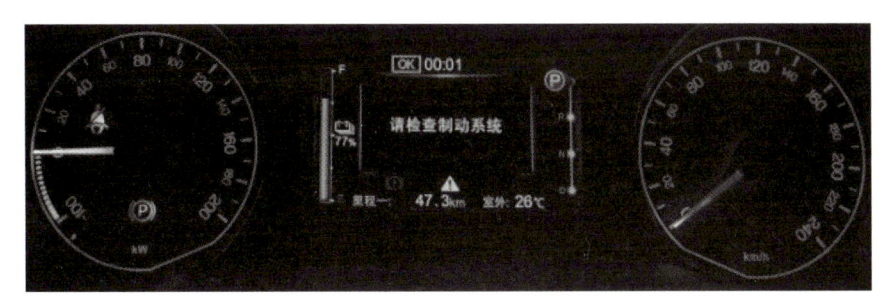

图 7-6　仪表状态

（2）挂 R 或 D 挡位行驶，仪表文本提示："车辆处于可行驶状态，请小心驾驶"，如图 7-7 所示，车辆可以行驶。

图 7-7　仪表状态

二、故障诊断与排除

1. 故障分析

由于仪表上制动系统警告灯点亮，文本提示"请检查制动系统"，说明制动系统存在故障。而车辆制动系统包括 ESP、ABS、真空助力系统、制动液检测等，加上踩制动踏板时就能听见电动真空泵工作的声音，基本可以确定电动真空泵控制系统存在故障。可能原因如下：

（1）电动真空泵自身及其线路故障。

（2）真空压力传感器自身及其线路故障。

（3）VCU局部故障。

2. 故障诊断与过程

（1）连接诊断仪，读取故障码，如图 7-8 所示。在整车控制器中读取到故障码：P1D9A00，"真空压力传感器故障"。

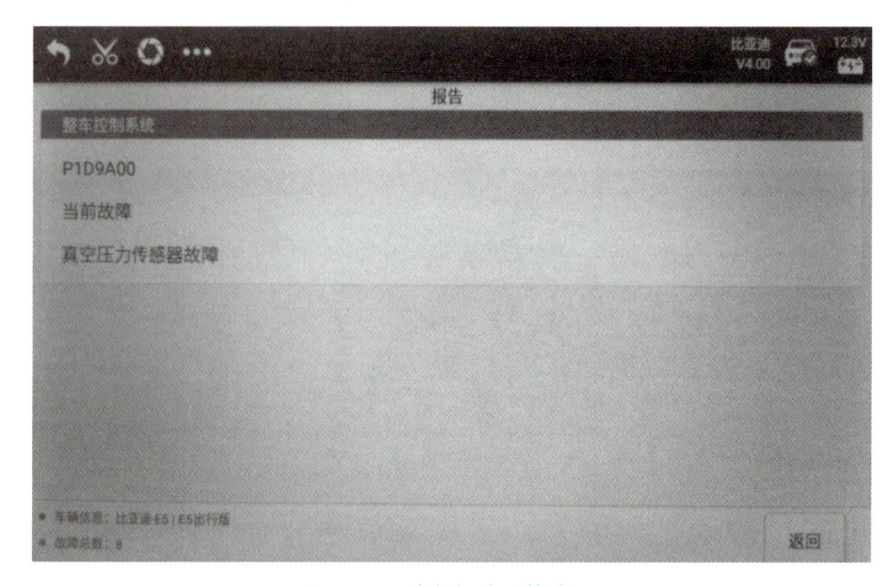

图 7-8　诊断仪读取故障码

根据故障码判断真空压力传感器故障，而造成故障的原因可能有真空压力传感器的供电故障、搭铁故障、信号故障以及传感器本身故障。因此，下一步首先测量真空压力传感器的供电、搭铁电路，真空压力传感器电路如图 7-9 所示。

（2）测量真空压力传感器的供电、搭铁状态。

踩下制动踏板，按下起动按钮，用万用表测量真空压力传感器插接器 BA31/1、BA31/2 端子的对地电压。实测 BA31/1、BA31/2 端子的对地电压均为 0 V，说明真空压力传感器的搭铁正常，输入供电异常。下一步测量其输入供电端的上游供电线路，其输入供电来自于整车控制器输出供电。

（3）测量整车控制器输出供电状态。

踩下制动踏板，按下起动按钮，用万用表测量整车控制器 BK49/11 端子的对地电压，实测值 4.98 V，正常。说明整车控制器的输出供电正常，而真空压力传感器输入供电异常，怀疑线路断路，下一步测量线路电阻。

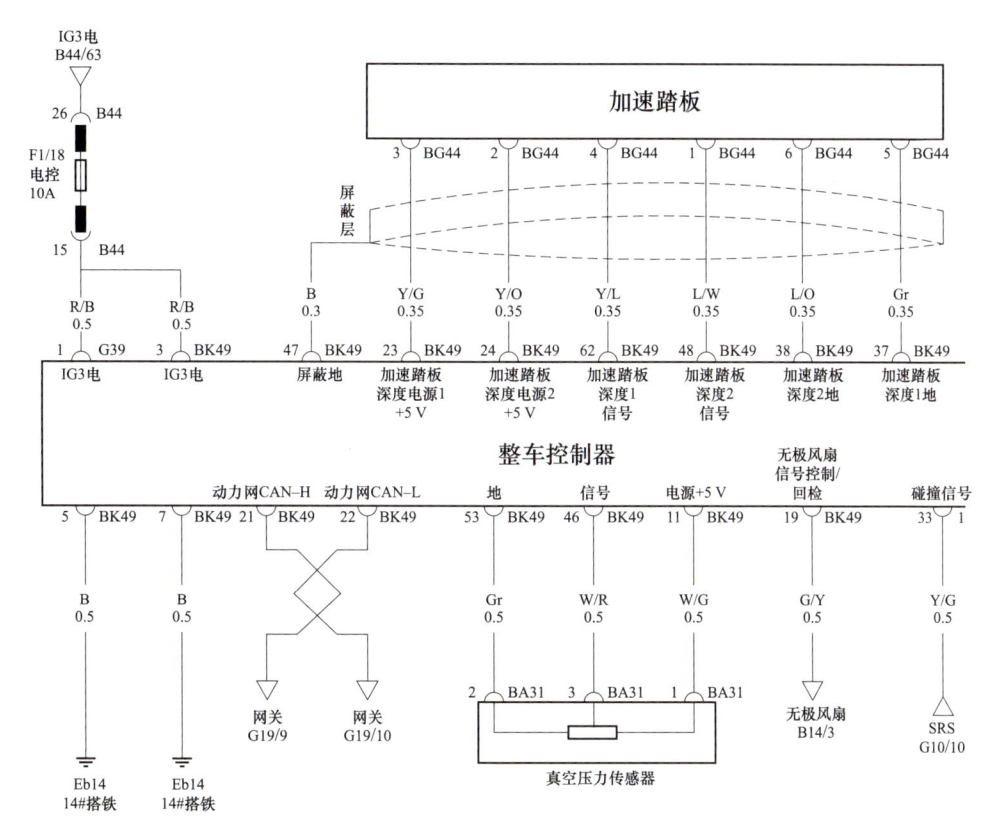

图 7-9 真空压力传感器电路

（4）测量整车控制器 BK49/11 端子至真空压力传感器插接器 BA31/1 端子之间的电阻。

断开蓄电池负极，拔下加速踏板插接器 BG44、真空压力传感器插接器 BA31，用万用表测量整车控制器 BK49/11 端子至真空压力传感器插接器 BA31/1 端子之间的电阻，实测值为∞，异常，线路断路。

3. 诊断结论

由于整车控制器 BK49/11 端子至真空压力传感器插接器 BA31/1 端子之间的线路断路，导致故障发生，修复线路后故障排除。

任务 7.3 制动开关信号故障诊断

一、故障现象

（1）踩下制动踏板，打开点火开关，"OK"灯点亮，高压上电，SOC 正常，挡位指示灯正常，同时仪表文本提示："已启动，可挂挡行驶"，如图 7-10 所示。

图 7-10 仪表状态（一）

（2）挂 R 或 D 挡位时，偶发性无法挂入相应挡位且电子驻车需要手动解除，手动解除电子驻车时，仪表文本提示："请踩下制动踏板，解除电子驻车"，如图 7-11 所示。多次踩踏制动踏板后，可正常换挡，但车辆无法行驶。

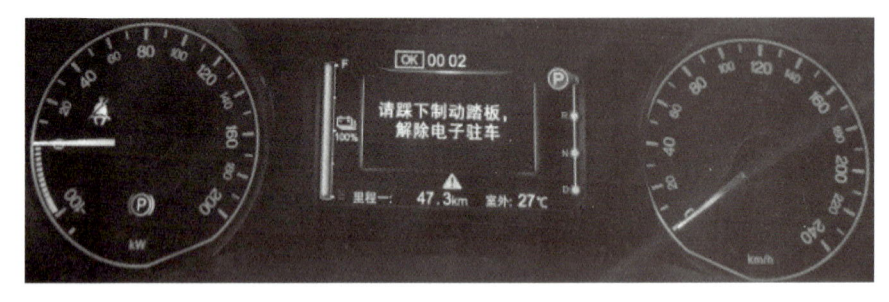

图 7-11 仪表状态（二）

二、故障诊断与排除

1. 故障分析

由于整车可以上高压电，只是车辆无法行驶，且手动解除电子驻车时，仪表文本提示："请踩下制动踏板，解除电子驻车"，因此怀疑是车辆在行驶模式时，整车控制器无法接收到制动开关信号，导致整车控制器无法进行正确的动力输出控制，从而使车辆进入保护模

式无法行驶。其可能的故障原因如下:
(1) 制动开关本身及线路故障。
(2) 整车控制器局部故障。

2. 故障诊断与排除

(1) 连接诊断仪,读取故障码,如图 7-12 所示,发现无相关故障码。

图 7-12 诊断仪读取故障码

进入整车控制系统读取相关数据流,如图 7-13 所示,发现加速踏板、制动踏板、挡位信号等都正常,但是当踩下制动踏板时,发现制动开关状态显示"未踩下"。

图 7-13 诊断仪读取整车控制系统数据流

进入车身控制系统读取制动开关状态有关数据流,如图 7-14 所示,踩下制动踏板,0 V 制动灯开关状态显示"有效",正常;12 V 制动信号状态显示"有效",正常。

整车上电正常加之车身控制器制动开关信号正常,而整车控制器制动开关信号异常,怀疑为整车控制器至制动开关之间的信号线路断路。

109

图 7-14 诊断仪读取车身控制系统数据流

（2）测量整车控制器制动开关信号输入侧信号。整车控制器制动开关信号电路如图 7-15 所示。

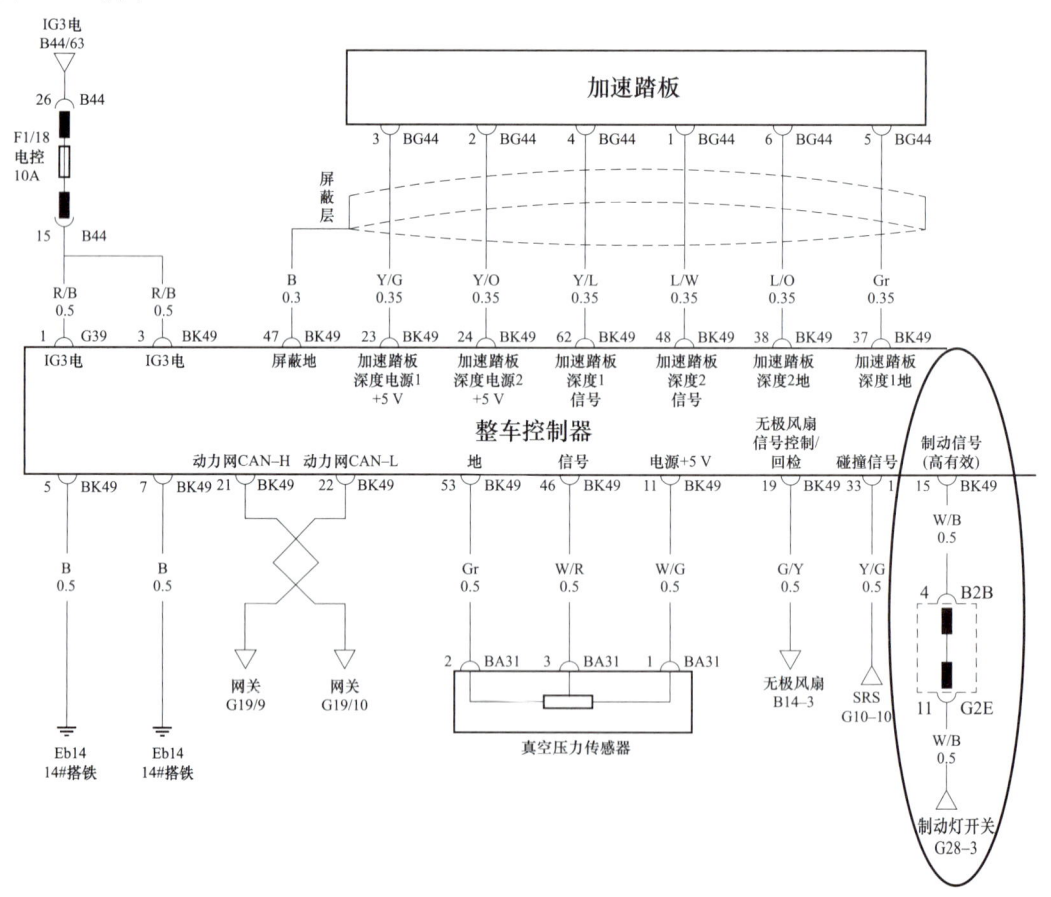

图 7-15 整车控制器制动开关信号电路

用万用表测量整车控制器 BK49/15 端子的对地电压，正常值，未踩下制动踏板时应为 0 V，踩下制动踏板时变为+B，实测均为 0 V，异常。整车控制器制动信号输入侧信号的供电来自制动灯开关，下一步测量制动灯开关的输出信号。

（3）测量制动灯开关的输出信号。

用万用表测量制动灯开关 G28/3 端子的对地电压，实测值，未踩下制动踏板时为 0 V，踩下制动踏板时变为+B，正常。

综上，说明整车控制器的制动灯开关信号输入异常，而制动灯开关信号输出正常，怀疑线路断路，下一步测量线路电阻。

（4）测量整车控制器 BK49/15 端子至制动灯开关 G28/3 端子之间的电阻。

断开蓄电池负极，拔下整车控制器插接器 BK49、制动灯开关插接器 G28，用万用表测量整车控制器 BK49/15 端子至制动灯开关插接器 G28/3 端子之间的电阻，实测值为∞，异常，线路断路。

3. 诊断结论

由于整车控制器 BK49/15 端子至制动灯开关 G28/3 端子之间的线路断路，导致故障发生，修复线路后故障排除。

任务 7.4 挡位传感器故障诊断

一、故障现象

（1）踩下制动踏板，打开点火开关，"OK"灯点亮，高压上电，SOC 正常，制动踏板高度正常下降，且能听见电动真空泵正常运转的声音，但是进行挡位切换，挡位一直显示为 P 挡，无法切换至其他挡位且换挡杆背景灯不亮。

（2）仪表文本提示："请检查电子驻车系统"，如图 7-16 所示，车辆无法行驶。

图 7-16　仪表状态

二、故障诊断与排除

1. 故障分析

根据故障现象，问题的关键在于挡位无法切换，根据挡位传感器的工作原理可知，传感器通过动力总线把信号传递给 VCU 及组合仪表，而此时高压可以正常上电，且制动踏板高度反应正常，说明 VCU 工作基本正常；仪表可以显示信息，说明仪表通信正常。所以导致换挡不正常的原因主要在于传感器自身没有发出挡位切换信号，那么可能的故障原因如下：

（1）挡位传感器的供电、搭铁故障。
（2）挡位传感器动力 CAN 线路故障。
（3）挡位传感器本身故障。

2. 故障诊断与过程

（1）连接诊断仪，读取故障码，如图 7-17 所示。在整车控制器中读取到故障码：U029187，"与挡位传感器通讯故障"。

图 7-17 诊断仪读取故障码

根据故障码判断挡位传感器通信故障，而造成此故障的原因可能有挡位传感器的供电故障、搭铁故障、CAN 线故障以及传感器本身故障。下一步可测量传感器的电源，也可测量 CAN 线，这里首先测量传感器的供电、搭铁电路。挡位传感器电路如图 7-18 所示。

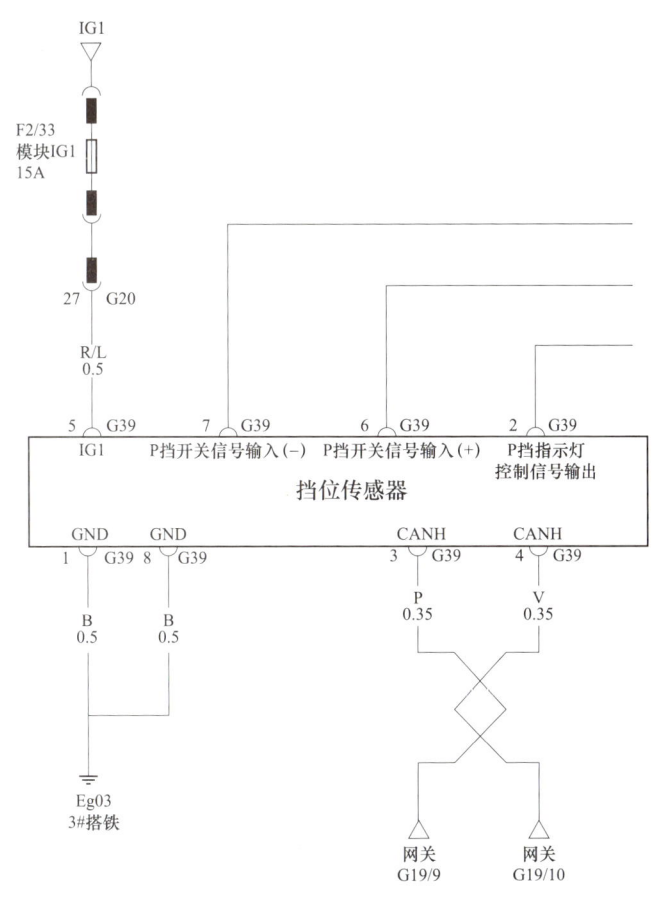

图 7-18 挡位传感器电路

113

（2）测量挡位传感器的供电、搭铁状态。

踩下制动踏板，按下起动按钮，用万用表测量挡位传感器插接器 G39/5、G39/1 及 G39/8 端子的对地电压。实测 G39/5、G39/1 及 G39/8 端子的对地电压均为 0 V，说明挡位传感器的搭铁正常，输入供电异常。下一步测量其输入供电端的上游供电线路，其输入供电来自于保险 F2/33。

（3）测量保险 F2/33 供电状态。

踩下制动踏板，按下起动按钮，用万用表测量保险 F2/33 输入端、输出端的对地电压，实测值为+B，正常。说明保险 F2/33 的输出供电正常，下一步进一步测量 BCM 的 G2D/27 端子的对地电压，实测值为+B，正常，而挡位传感器输入供电异常，怀疑线路断路，下一步测量线路电阻。

（4）测量 BCM 的 G2D/27 端子至挡位传感器插接器 G39/5 端子之间的电阻。

断开蓄电池负极，拔下 BCM 的 G2D 插接器、挡位传感器插接器 G39，用万用表测量 BCM 的 G2D/27 端子至挡位传感器插接器 G39/5 端子之间的电阻，实测值为∞，异常，线路断路。

3. 诊断结论

由于 BCM 的 G2D/27 端子至挡位传感器插接器 G39/5 端子之间的线路断路，导致故障发生，修复线路后故障排除。

项目八

无法充电故障诊断

任务描述

一辆比亚迪 E5 汽车，顾客反映起动汽车，车辆正常行驶，但是在进行充电时，车辆仪表无充电显示，充电口指示灯不亮。请检查此现象并对故障进行维修。

素质目标

（1）培养学生掌握和接受新技术的能力及逻辑思维能力；
（2）严格执行汽车检修规范，树立良好的安全文明操作意识；
（3）养成团结协作精神。

知识目标

（1）掌握电动汽车慢充系统的结构组成及工作原理；
（2）掌握电动汽车慢充系统的常见故障类型及故障诊断方法。

能力目标

（1）能准确根据故障现象进行故障机理分析；
（2）能使用诊断仪、示波器、万用表等常见设备对电动汽车慢充系统进行故障诊断检测；
（3）能够熟练排除慢充系统的常见故障。

原理解析

电动汽车充电系统主要由充电桩、充电插口、高压充配电总成、动力电池、充电指示灯及高压导线组成，其充电方式主要包含快速（直流）充电和慢速（交流）充电两种，本书仅讲述慢速（交流）充电方式。交流充电一般有两种方法：一种是使用充电桩充电，另一种是使用家用充电枪充电，两种方法都是使用 220 V 的交流电，充电桩的充电功率要大一些。

注意：以下所有工作流程主要对于原车配备的便携式供电设备来进行讲解，其他类型供电设备的工作过程可以以此作为参考。

一、充电控制引导电路

1. 充电枪连接确认信号（CC 信号）

在电动汽车和充电供电设备建立电气连接后，高压充配电总成通过测量导引线路中定义的检测点 3（CC）与 PE 之间的电阻（电压）值来判断当前充电连接装置的额定容量和连接状态。如图 8-1 所示。

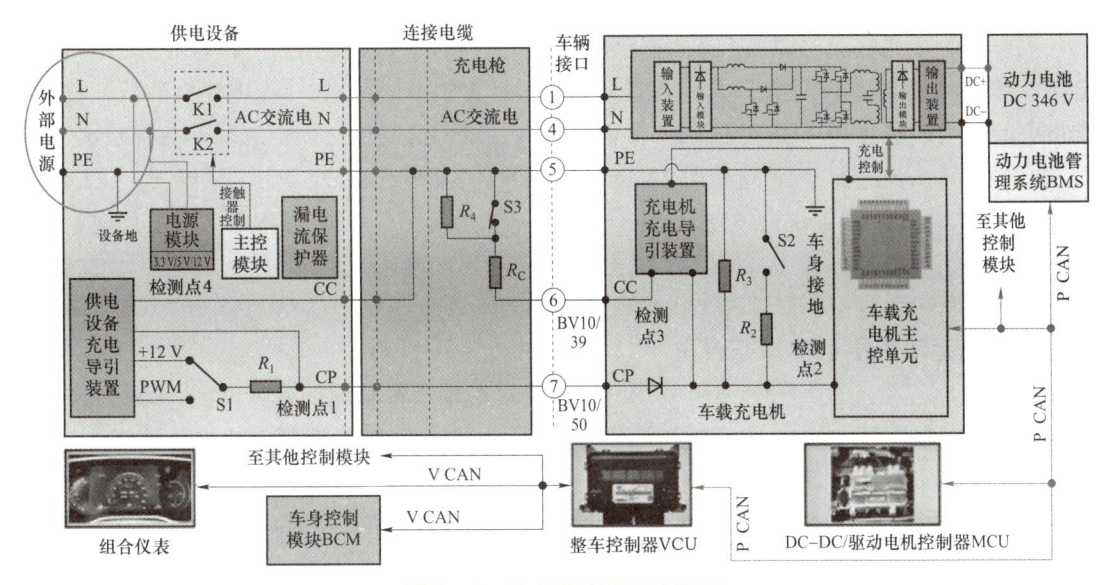

图 8-1 慢充系统控制原理图

OBC（高压充配电总成）内部输出一个高电位（约 12 V/DC）至 CC（充电枪连接确认）信号线路上，按压充电枪上锁止开关并保持，CC（充电枪连接确认）信号通过充电枪内部线路中的串联电阻 R_4、R_C 与 PE 接通，OBC（高压充配电总成）内部输出的高电位（约 12 V/DC）被电阻 R_4 和 R_C 拉低至 5 V 左右（以 10 A 容量充电缆为例）。释放充电枪上的锁止开关，R_4 被充电枪内部开关 S3 短接，CC（充电枪连接确认）信号只通过充电枪内部电阻 R_C 与 PE 接通，OBC（高压充配电总成）内部输出的高电位（DC 10.5 V 左右）被电阻 R_C 拉低至 2.5 V 左右。

OBC（高压充配电总成）主控单元接收 2.5 V 左右电压时，即确认充电枪和车辆已连接，OBC（高压充配电总成）被激活，通过 CAN 总线唤醒并激活动力电池管理模块 BMS、整车控制器 VCU、组合仪表、网关控制器、BCM 控制器（MICU）。

OBC（高压充配电总成）主控单元接收 2.5 V 左右电压后，即可判定当前供电电缆的供电电流，其判定依据见表 8-1。

117

表8-1　OBC判定供电电流逻辑

充电方式	充电设备名称	额定输入电压/V	额定输出功率/kW	输出电流/A	CC与PE阻值/Ω
交流充电	便携式充电盒	220	1.5	10	1 500
	壁挂式充电盒	220	3.3	16	680
	壁挂式充电盒	220	7	32	220
	壁挂式充电盒	380	40	63	100
直流充电	直流充电柜	—	—	—	—

2. 充电连接确认信号（CP信号）

供电设备接通交流电源后，会向充电连接确认信号CP线路输出12 V电压，充电枪连接后，被OBC（高压充配电总成）内部充电导引装置中串联在CP（充电连接确认）信号线路上的整流二极管和电阻R_3拉低至9 V并保持。OBC（高压充配电总成）内部检测CP（充电连接确认）信号线路上检测点2的电压，如果检测到检测点2电压变为9 V，则OBC（高压充配电总成）判定供电设备通过充电枪与车辆已连接，OBC（高压充配电总成）进入准备阶段。与此同时，交流供电设备根据CP（充电连接确认）信号线路上检测点1的9 V电压判断供电设备与车辆已连接，供电设备也进入准备阶段。

3. 充电起动信号（PWM信号）

CP（充电连接确认）信号线上9 V电压保持过程中，车辆端的容量设定、系统唤醒、自检及数据交换需要在规定时间内完成，如果信息正常，则供电设备内部的开关S1切换至PWM端，如图8-1所示。供电设备充电导引装置输出可调节的幅值为12 V左右的双极性PWM占空比信号［与供电设备可提供的最大连续电流值相关，如图8-2（a）所示］至CP（充电连接确认）信号线路上并保持。

供电设备输出的幅值为12 V左右的双极性PWM占空比信号被OBC（高压充配电总成）内部充电导引装置中串联在CP（充电连接确认）信号线路上的整流二极管整流，然后被电阻R_3（如图8-1所示）拉低至幅值为+9 V左右的单极性PWM占空比信号并保持，其波形如图8-2（b）所示。

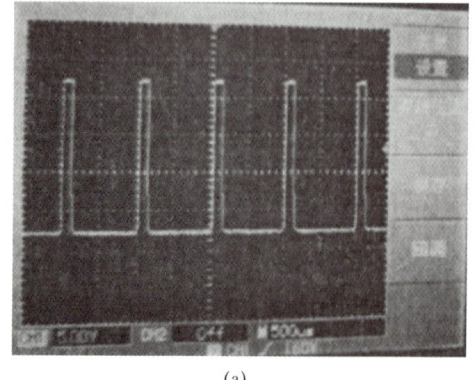

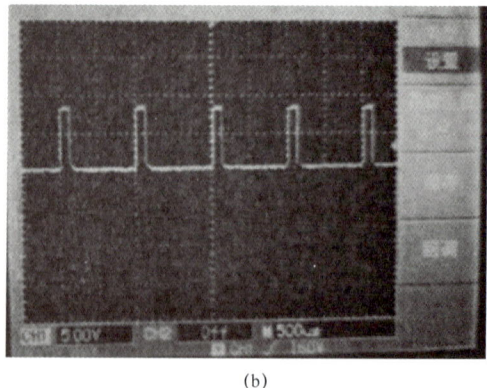

(a)　　　　　　　　　　(b)

图8-2　充电起动信号

在充电系统正常的情况下，以上两个波形出现的时间非常短（不足 3 s 或更短），且不容易测试。OBC（高压充配电总成）将 CP（充电连接确认）信号线路上检测到的检测点 2 的 +9 V 左右的 PWM 占空比信号波形、频率和 OBC（高压充配电总成）内部所存储的基本信号波形、频率进行比对并进行系统自检，如果正常，OBC（高压充配电总成）在 3 s 内会闭合开关 S2，S2 开关闭合后，通过电阻 R_2 将（充电连接确认）信号线路接地，同时与 R_3 并联，导致 CP（充电连接确认）信号线路接地电阻进一步减小，从而使 CP（充电连接确认）信号的幅值被拉低至 +6 V 左右并保持，其波形如图 8-3 所示。此时 OBC（高压充配电总成）将检测到的 CP（充电连接确认）信号与 OBC（高压充配电总成）内部所存储的信号幅值进行比对。

OBC（高压充配电总成）在 3 s 内对检测点 2 的 +6 V 左右 PWM 波形幅值持续检测，同时再次自检系统内的故障信息，以及 BMS（动力电池控制器）、MCU（电机控制器、含 DC-DC）、VCU（整车控制模块）等状态，如果状态正常，OBC（高压充配电总成）发送充电功能启动信息，BMS（动力电池控制器）接收到此信息后准备接通高压继电器工作。

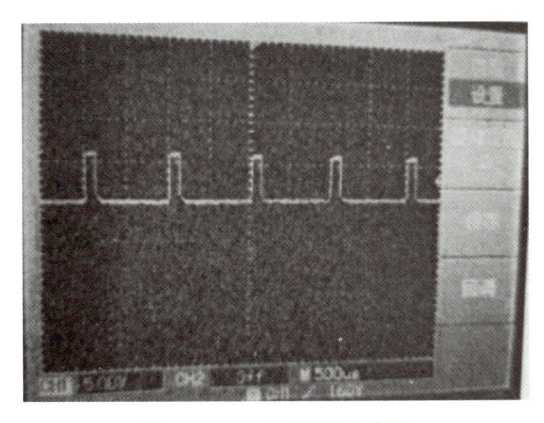

图 8-3　+6 V PWM 信号

二、交流充电低压配电

1. 充电连接指示灯电路

当 CC（充电枪连接确认）信号正常后，OBC（充配电总成）启动充电模式，并通过 CAN 总线首先将信息发送至 BCM（车身控制模块）。BCM 接收到充电模式信息后，控制 IG 继电器（IG1、IG3、IG4）闭合。其中，IG1 继电器为仪表、网关等提供 IG 电源，IG3 为 VCU（整车控制器）、MCU（电机控制器）、BMS（电池控制器）等提供 IG 信号及功率电源，IG4 为电池水泵、空调控制器等提供 IG 电源（IG4 的控制取决于热管理信息，如果不需要启动动力电池充电预热或冷却功能，则无须控制其闭合）。BMS（电池管理器）得到 IG3 电源后启动自检，对系统低压供电、动力电池温度、SOC 值、绝缘、故障信息、单体电池信息等进行自检，同时对主负、主正、预充继电器进行粘连检测。系统自检正常后，通过 CAN 总线将系统正常信息发送至总线网络。

同时，OBC（充配电总成）通过充电连接信号线将 CC（充电枪连接确认）信号反馈给 BMS（电池控制器），BMS 通过充电枪连接提示线通知仪表点亮充电连接指示灯。

2. 动力电池接触器控制

BMS（动力电池控制器）接收到 OBC（高压充配电总成）发送的充电启动信息及整车无故障信息后，首先控制主负接触器闭合，同时对总线上信息持续检测，并对主负接触器断路、预充电阻断路、预充接触器粘连、主正接触器粘连进行检测，如果检测成功，则闭合预充接触器，进行预充。如图 8-4 所示。

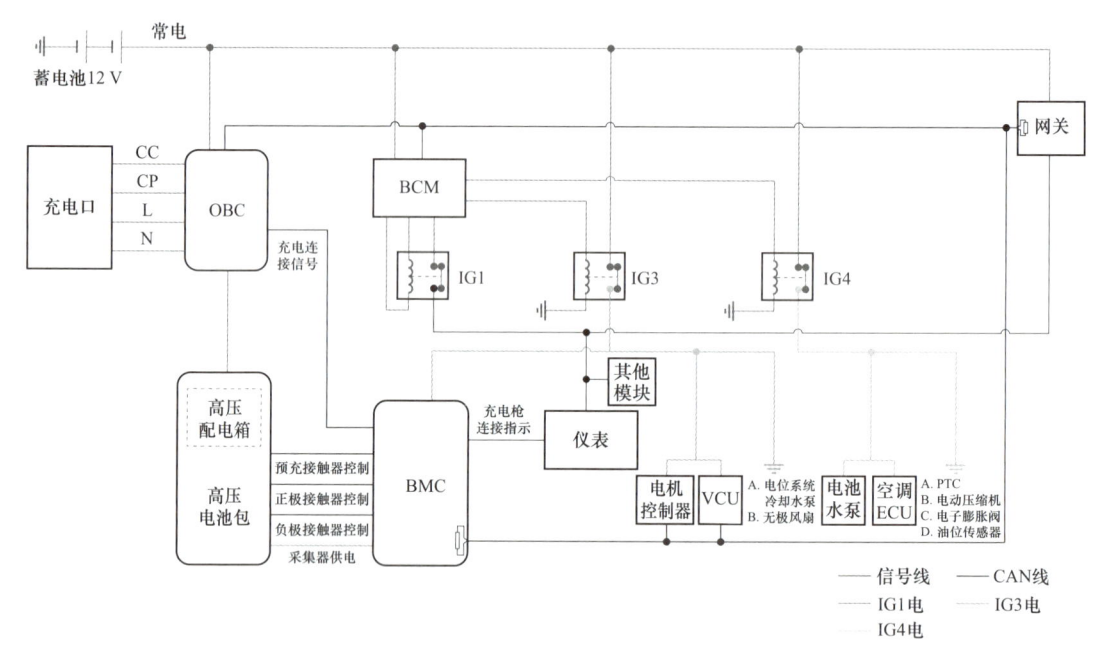

图 8-4 低压配电原理图

预充正常，动力电池母线电压达到 90%以上时，预充结束，BMS（动力电池控制器）控制主正接触器闭合，接通高压主正回路，然后断开预充接触器。主正接触器接通后，BMS（动力电池控制器）检测主正接触器状态、整车高压绝缘状态、系统通信等，检测正常，OBC（高压充配电总成）开始为车辆进行充电，同时 MCU（电机控制器、含 DC-DC）启动 DC-DC 转换器，为辅助蓄电池提供持久的+B 充电电源。

3. 供电设备继电器控制

供电设备会持续监测检测点 1 的 6 V 左右的 PWM 波形，如果正常，则启动充电功能，接通内部的接触器 K1 和 K2，AC220V 电源就可以供给 OBC，OBC 结合当前供电电流以及动力电池状态调整充电电流。

项目八
无法充电故障诊断

任务 8.1 充电枪连接 CC 信号故障诊断

一、故障现象

（1）未起动时，插上充电枪，并接通 220 V 交流电，组合仪表的红色充电连接指示灯未点亮，多功能屏未显示充电信息，如图 8-5 所示。

图 8-5 仪表状态（一）

（2）车辆能正常上电，可挂挡行车，如图 8-6 所示。

图 8-6 仪表状态（二）

二、故障诊断与排除

1. 故障分析

车辆能正常上电，可挂挡行车，说明车辆上电的工作过程中 BCM 控制 IG3 通电、BMS 控制相关接触器、高压配电是正常的，可排除 IG3 工作故障及 BMS 和高压配电箱供电、搭铁故障。

由于插上充电枪，充电指示灯未点亮，多功能屏未显示充电信息，因此故障可能在充电指示灯点亮之前的工作过程中，梳理充电指示灯点亮过程：充电枪→CC 线→高压配电箱→充电连接线→BMS→充电指示灯控制线→仪表，点亮充电指示灯，多功能屏显示充电连接中。从以上过程暂时排除掉 BMS 及高压配电箱故障，因此故障的可能原因如下：

（1）充电枪故障。

（2）CC 线故障。

（3）充电连接线故障。

（4）充电指示灯控制线故障。

2. 故障诊断与排除

（1）连接诊断仪，读取故障码，发现无相关故障码，如图 8-7 所示。

图 8-7　诊断仪读取故障码

进入车载充电器控制系统读取相关数据流，观察 CC 信号状态，充电连接装置连接状态显示"未连接"，因此判断故障在充电枪连接 CC 信号故障，导致之后的充电工作不会执行，充电指示灯无法点亮，如图 8-8 所示。

图 8-8　诊断仪读取数据流

（2）检测充电枪 CC-PE 电阻。

用万用表检测充电枪 CC-PE 之间的电阻，实测值为 670 Ω，正常（标准值为 680 Ω）。

（3）测量充电口侧 CC 信号输入。

用万用表测量充电口 CC 端子对地电压，实测值为 0 V，异常，正常值为 +B。充电口 CC 信号来自充配电总成（OBC），下一步测量充配电总成（OBC）的信号输出，充配电总成电路如图 8-9 所示。

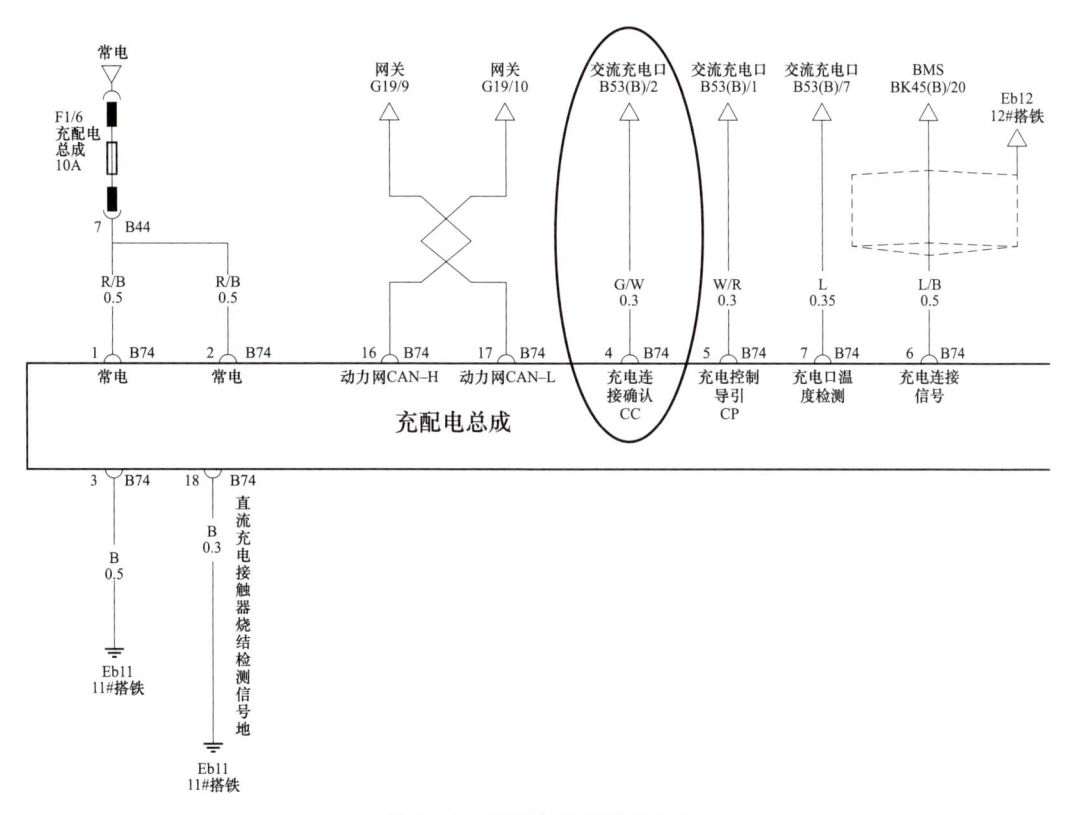

图 8-9　充配电总成部分电路

（4）测量充配电总成 CC 信号输出。

测量充配电总成插接器 B74/4 端子的对地电压，实测值为 +B，正常。

充电口 CC 信号输入异常，而充配电总成 CC 信号输出正常，怀疑线路断路。

（5）测量充配电总成插接器 B74/4 端子至充电口 CC 端子电阻值。

断开蓄电池负极，拔下充配电总成插接器 B74，用万用表测量充配电总成插接器 B74/4 端子至充电口 CC 端子之间的电阻，实测值为∞，异常，线路断路。

3. 诊断结论

由于 CC 信号故障，导致车辆无法输出充电握手信号，因此无法确认车辆与充电设备的连接状况，进而无法完成充电引导程序，造成 OBC 无法引导工作，充电口指示灯、充电枪锁止机构、仪表上的充电指示灯无法正常工作，车辆不能进行充电，修复线路，故障排除。

任务 8.2　充电连接信号 CP 故障诊断

一、故障现象

（1）未起动时，插上充电枪，并接通 220 V 交流电，组合仪表的红色充电指示灯点亮，多功能屏显示"充电连接中，请稍后……"，如图 8-10 所示，但充电绿色指示灯始终未点亮，仪表不能显示"连接已成功，正在充电中"。

图 8-10　仪表状态（一）

（2）车辆能正常上电，可挂挡行车，如图 8-11 所示。

图 8-11　仪表状态（二）

二、故障诊断与排除

1. 故障分析

插充电枪后，组合仪表的红色充电指示灯点亮，多功能屏显示"充电连接中，请稍后……"，从交流充电过程来看，可知插充电枪后：充电口连接信号→CC 线→高压配电箱→充电连接线→BMS→充电指示灯点亮、多功能屏显示"充电连接中"的工作过程是正常的，故障可能发生在之后的充电过程，那么故障的可能原因如下：

（1）IG3 及其控制线路故障。

（2）BMS 及其控制相关接触器工作故障。

（3）充电连接 CP 信号故障。

（4）车载充电器故障。

（5）充电枪故障。

由于车辆能正常上电，挂挡行车，说明上电的工作过程是正常的，可排除 IG3 及其控制线路故障、BMS 及其控制相关接触器工作故障。因此故障原因主要有充电连接 CP 信号故障、车载充电器故障和充电枪故障。

2. **故障诊断与排除**

（1）充电中，连接诊断仪，读取故障码，发现无相关故障码，如图 8-12 所示。

图 8-12　仪器读取故障码

如图 8-13 所示，进入车载充电器控制系统读取相关数据流，充电连接装置连接状态显示"标准枪连接"，车辆状态为"充电状态"。但是充放电系统工作状态显示"充电暂停"，这说明 CC 信号正常，而导致充电工作不会执行的原因应是 CP 信号存在故障，下一步检测 CP 信号。

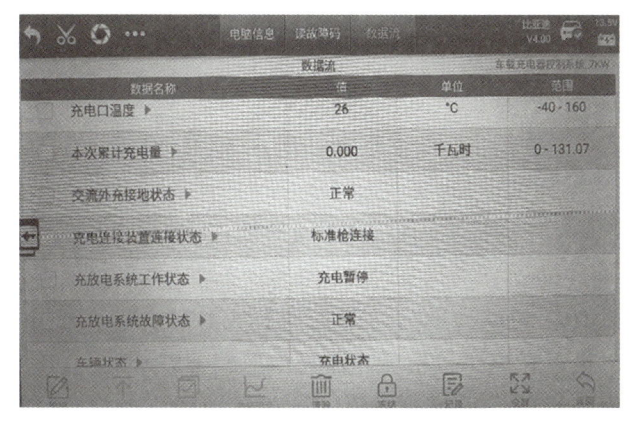

图 8-13　诊断仪读取数据流

（2）检测充电枪 CP 信号端子对地电压。

断开充电枪与车辆充电口连接，接通充电设备电源，测量充电枪 CP 端子对地电压，实测值为 + B，正常。

（3）检测充配电总成侧 CP 信号。

连接充电枪，接通充电设备，检测充配电总成 B74/5 端子对地电压，电路图如图 8 – 14 所示，其实测值为 0.6 V，异常。其正常值应为 PWM 的占空比波形信号。

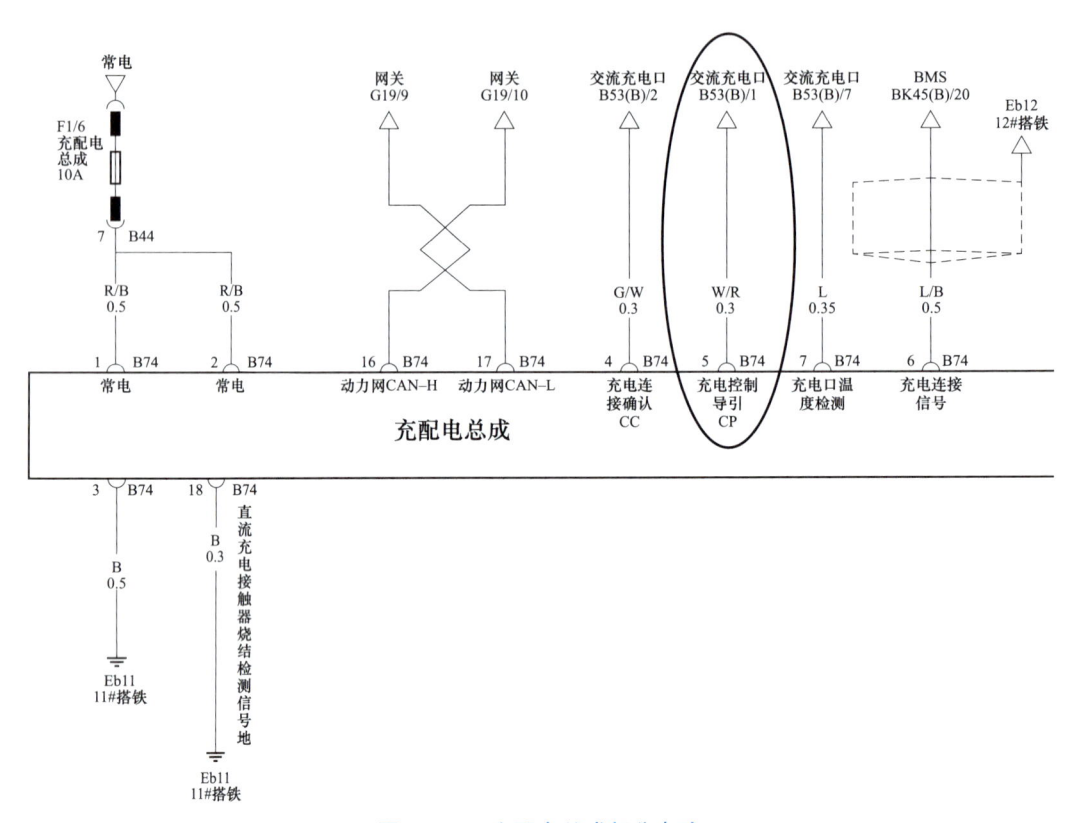

图 8 – 14　充配电总成部分电路

（4）检测充电口侧 CP 信号。

连接充电枪，接通充电设备，检测充电口侧 B53（B）/1 端子对地电压，实测值为 + B，异常。

可见来自充电枪的 CP 信号（+ B 电压）没有通过 CP 线传递到充配电总成，也没有被充配电总成拉低。

（5）检测充电口 B53（B）/1 端子至充配电总成 B74/5 端子之间线路电阻。

关闭点火开关，拔下充电枪，检测交流充电口端 B53（B）/1 至充配电总成 B74/5 间线路电阻，实测值为 ∞，线路断路。

3. 诊断结论

由于充电口 B53（B）/1 端子至充配电总成 B74/5 端子之间的 CP 线断路，导致充电枪无法接收到 CP 线的电压拉低信号，充电枪不会向 L 与 N 端子供出 220 V 交流电，车载充电器无法接收到 220 V 交流电，车辆一直处于充电连接中。但 CC 线的电压拉低信号正常传递到充电枪和充配电总成，充电枪的 CP 口正常供出了约 12V 电压，车辆端执行了 BCM 控制相关接触器吸合之前的所有工作才停止。

电动汽车综合故障诊断任务工单

主　编　张树峰　蘧广景
副主编　逯翠香　逯芳芳　徐红举

北京理工大学出版社
BEIJING INSTITUTE OF TECHNOLOGY PRESS

目　　录

项目一　比亚迪汽车电路识读 ·· 133
　　任务　比亚迪汽车电路图的识读 ·· 133

项目二　中央门锁系统故障诊断 ··· 138
　　任务 2.1　启动子网故障诊断 ··· 138
　　任务 2.2　钥匙控制模块 Keyless-ECU 供电故障诊断 ························· 141
　　任务 2.3　保险 F2/6 故障诊断 ··· 144

项目三　动力模块初始化故障诊断 ·· 149
　　任务 3.1　制动开关故障诊断 ··· 149
　　任务 3.2　起动按钮故障诊断 ··· 152
　　任务 3.3　IG3 继电器控制线路故障诊断 ··· 155
　　任务 3.4　VCU 供电故障诊断 ··· 158
　　任务 3.5　BMS 的常电故障诊断 ·· 161
　　任务 3.6　充配电总成供电故障诊断 ··· 164
　　任务 3.7　电机控制器供电故障诊断 ··· 167

项目四　整车通信线路故障诊断 ··· 171
　　任务 4.1　网关控制器供电故障诊断 ··· 171
　　任务 4.2　动力电池电池子网故障诊断 ·· 174
　　任务 4.3　舒适 CAN 故障诊断 ·· 177

项目五　高压互锁故障诊断 ··· 181
　　任务　高压互锁故障诊断 ··· 181

项目六　预充失败故障诊断 ··· 185
　　任务 6.1　BMS 的主负接触器控制故障诊断 ····································· 185

任务 6.2　BMS 的预充接触器控制故障诊断 ………………………………… 188
　　任务 6.3　BMS 的 IG3 供电故障诊断 …………………………………………… 191

项目七　车辆无法行驶故障诊断 ……………………………………………………… 195
　　任务 7.1　加速踏板故障诊断 …………………………………………………… 195
　　任务 7.2　真空压力传感器故障诊断 …………………………………………… 198
　　任务 7.3　制动开关信号故障诊断 ……………………………………………… 201
　　任务 7.4　挡位传感器故障诊断 ………………………………………………… 204

项目八　无法充电故障诊断 …………………………………………………………… 208
　　任务 8.1　充电枪连接 CC 信号故障诊断 ……………………………………… 208
　　任务 8.2　充电连接信号 CP 故障诊断 ………………………………………… 211

项目一　比亚迪汽车电路识读

一、技能操作

任务　比亚迪汽车电路图的识读

（1）比亚迪 E5 电路元件实车识别作业表如表 1-1 所示。

表 1-1　比亚迪 E5 电路元件实车识别作业表

姓名		班级		学号		组别	
车型		VIN 码		车辆当前行驶里程		购车时间	
是否正常维保		车辆是否出现异常状况		异常出现时间		异常出现里程数	
客户陈述						日期	
序号	\multicolumn{4}{c}{图例}	\multicolumn{3}{c}{图例中元件名称}

续表

序号	图例	图例中元件名称

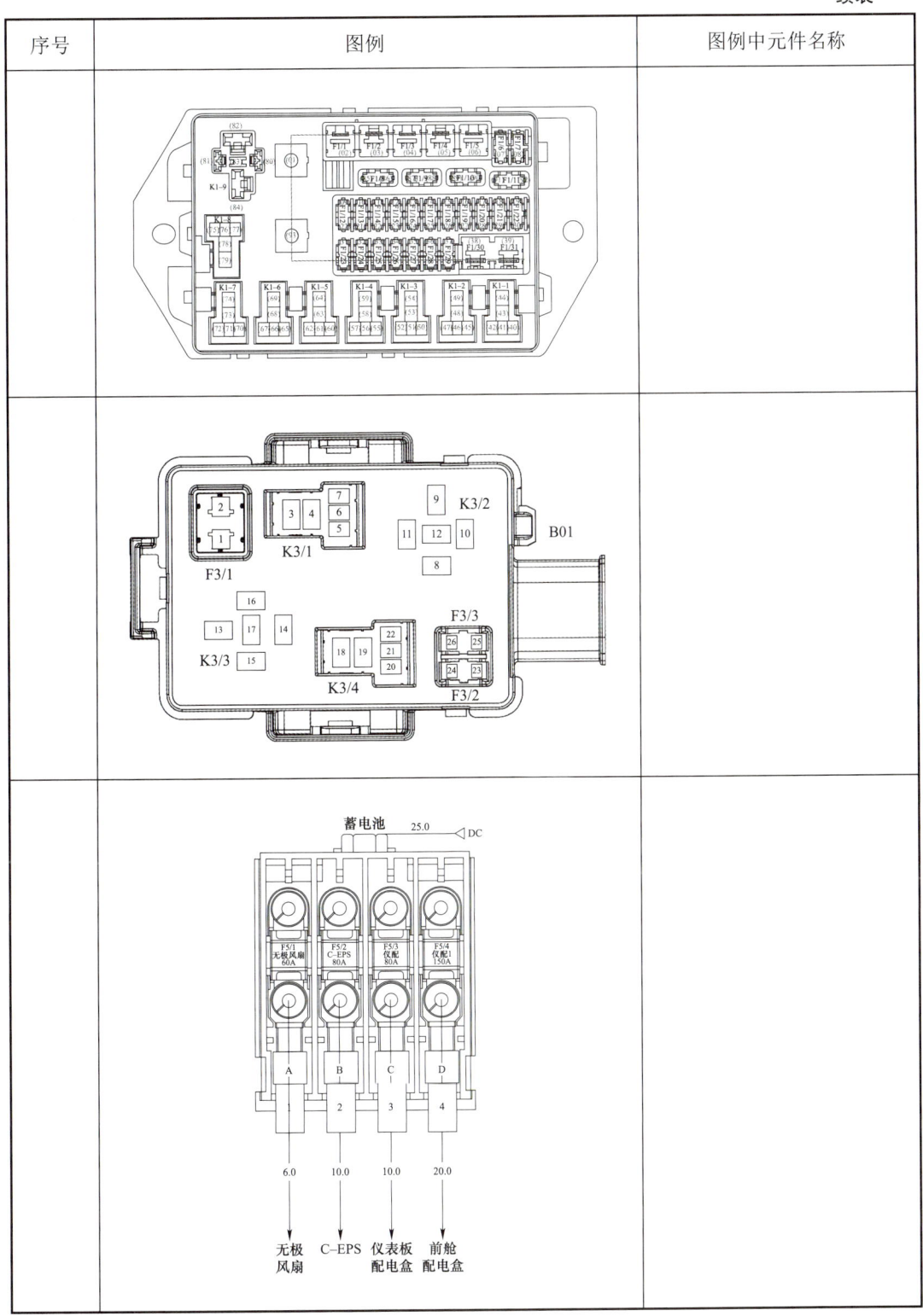

项目一
比亚迪汽车电路识读

续表

序号	图例	图例中元件名称

（2）比亚迪 E5 电路元件实车识别评分表如表 1–2 所示。

表 1–2　比亚迪 E5 电路元件实车识别评分表

<table>
<tr><td rowspan="3">基本信息</td><td>姓名</td><td></td><td>学号</td><td></td><td>班级</td><td></td><td>组别</td><td colspan="2"></td></tr>
<tr><td>角色</td><td colspan="8">主修人员□　辅修人员□　工具管理□　零件摆放□
安全监督□　质量检验□　7S 监督□</td></tr>
<tr><td>规定时间</td><td></td><td>完成时间</td><td colspan="2"></td><td>考核日期</td><td></td><td>总评成绩</td><td></td></tr>
<tr><td rowspan="8">考核内容</td><td rowspan="2">序号</td><td colspan="4" rowspan="2">步骤</td><td colspan="2">完成情况</td><td rowspan="2">标准分</td><td rowspan="2">评分</td></tr>
<tr><td>完成</td><td>未完成</td></tr>
<tr><td>1</td><td colspan="4">考核准备：
材料：
工具：
设备：
安全防护：
劳动保护：</td><td></td><td></td><td>10</td><td></td></tr>
<tr><td>2</td><td colspan="4">元件名称确认</td><td></td><td></td><td>10</td><td></td></tr>
<tr><td>3</td><td colspan="4">元件实车位置确认</td><td></td><td></td><td>15</td><td></td></tr>
<tr><td>4</td><td colspan="4">元件编号识读</td><td></td><td></td><td>10</td><td></td></tr>
<tr><td>5</td><td colspan="4">元件电路图识读</td><td></td><td></td><td>20</td><td></td></tr>
<tr><td>6</td><td colspan="4">元件作用分析</td><td></td><td></td><td>10</td><td></td></tr>
<tr><td>7S 管理</td><td>整理、整顿、清扫、清洁、素养、安全、节约</td><td colspan="6"></td><td>10</td><td></td></tr>
<tr><td colspan="2">团队协作</td><td colspan="6"></td><td>5</td><td></td></tr>
<tr><td colspan="2">沟通表达</td><td colspan="6"></td><td>5</td><td></td></tr>
<tr><td colspan="2">工单填写</td><td colspan="6"></td><td>5</td><td></td></tr>
<tr><td colspan="2">教师评语</td><td colspan="8"></td></tr>
</table>

二、理论测试

（一）填空题

1. 汽车电器线束连接三大中心分别为（　　　　）、（　　　　）和（　　　　）。
2. 比亚迪汽车电路原理图中的元素包括（　　　　）、（　　　　）、（　　　　）、导线及（　　　　）等。
3. 比亚迪汽车电路原理图中插接器代码包括（　　　　）、（　　　　）、（　　　　）三部分。
4. 比亚迪汽车电路原理图插接器代码中类别代码为大写字母 J，表示此插接器为（　　　　）。
5. 比亚迪汽车电路原理图双色导线的线色标记为"L/Y"，表示（　　　　）。
6. 比亚迪汽车电路原理图保险编号由四部分组成，即（　　　　）、（　　　　）、（　　　　）、（　　　　）。

（二）选择题

1. 比亚迪电路图中的线色标示为"B"，表示线色为（　　　　）。
   A. 黑色　　　　B. 红色　　　　C. 粉色　　　　D. 白色
2. 比亚迪 E5－2019 款汽车电路图一插接器代码为 G2A，其类别代码为（　　　　）。
   A. G　　　　　B. 2　　　　　C. A　　　　　D. 任意
3. 比亚迪 E5－2019 款汽车电路图一元件代码为 F1/1，此元件为（　　　　）。
   A. 插接器　　　B. 保险　　　　C. 继电器　　　D. 用电设备
4. 比亚迪 E5－2019 款汽车电路图一元件代码为 K1/1，则此元件为（　　　　）。
   A. 插接器　　　B. 保险　　　　C. 继电器　　　D. 用电设备

（三）思考题

1. 简述汽车电路图的识读原则和方法。
2. 试述下列插接器代码的含义。

GJ01，G2A

3. 比亚迪 E5－2019 款汽车电路图，试述下列导线线色代码表示线色分别是什么。

W、Y、B、O、Gr、L/Y

4. 试述汽车电器线束连接的三大中心。

项目二 中央门锁系统故障诊断

一、技能操作

任务 2.1 启动子网故障诊断

(1) 启动子网故障诊断作业表如表 2–1 所示。

表 2–1 启动子网故障诊断作业表

姓名		班级		学号		组别	
车型		VIN 码		车辆当前行驶里程		购车时间	
是否正常维保		车辆是否出现异常状况		异常出现时间		异常出现里程数	
客户陈述						日期	
1. 故障现象	(1)						
	(2)						
	(3)						
	(4)						

续表

2. 故障分析	（1）绘制相关原理图			
	（2）判断可能原因			
3. 故障诊断	（1）诊断实施方案			
		测量条件、工具、对象	实测数据	标准数据
	ON 挡，读取故障码			
	ON 挡，分析数据流			
	启动子网 CAN-H 波形测量			
	启动子网 CAN-L 波形测量			
	启动子网终端电阻测量			
	（2）故障诊断实施			
4. 故障反思	结合故障诊断结论，分析故障机理			

（2）启动子网故障诊断评分表如表2-2所示。

表2-2 启动子网故障诊断评分表

<table>
<tr><td rowspan="3">基本信息</td><td>姓名</td><td colspan="2"></td><td>学号</td><td colspan="2"></td><td>班级</td><td></td><td>组别</td><td></td></tr>
<tr><td>角色</td><td colspan="9">主修人员□ 辅修人员□ 工具管理□ 零件摆放□
安全监督□ 质量检验□ 7S监督□</td></tr>
<tr><td>规定时间</td><td colspan="2"></td><td>完成时间</td><td colspan="2"></td><td>考核日期</td><td></td><td>总评成绩</td><td></td></tr>
<tr><td rowspan="8">考核内容</td><td rowspan="2">序号</td><td colspan="4" rowspan="2">步骤</td><td colspan="2">完成情况</td><td rowspan="2" colspan="2">标准分</td><td rowspan="2">评分</td></tr>
<tr><td>完成</td><td>未完成</td></tr>
<tr><td>1</td><td colspan="4">考核准备：
材料：
工具：
设备：
安全防护：
劳动保护：</td><td></td><td></td><td colspan="2">10</td><td></td></tr>
<tr><td>2</td><td colspan="4">故障现象确认</td><td></td><td></td><td colspan="2">10</td><td></td></tr>
<tr><td>3</td><td colspan="4">故障原因分析</td><td></td><td></td><td colspan="2">15</td><td></td></tr>
<tr><td>4</td><td colspan="4">故障诊断方案制定</td><td></td><td></td><td colspan="2">10</td><td></td></tr>
<tr><td>5</td><td colspan="4">故障诊断实施</td><td></td><td></td><td colspan="2">20</td><td></td></tr>
<tr><td>6</td><td colspan="4">故障机理分析</td><td></td><td></td><td colspan="2">10</td><td></td></tr>
<tr><td>7S管理</td><td colspan="5">整理、整顿、清扫、清洁、素养、安全、节约</td><td></td><td></td><td colspan="2">10</td><td></td></tr>
<tr><td colspan="6">团队协作</td><td></td><td></td><td colspan="2">5</td><td></td></tr>
<tr><td colspan="6">沟通表达</td><td></td><td></td><td colspan="2">5</td><td></td></tr>
<tr><td colspan="6">工单填写</td><td></td><td></td><td colspan="2">5</td><td></td></tr>
<tr><td colspan="10">教师评语</td></tr>
</table>

任务 2.2　钥匙控制模块 Keyless-ECU 供电故障诊断

（1）Keyless-ECU 供电故障诊断作业表如表 2-3 所示。

表 2-3　Keyless-ECU 供电故障诊断作业表

姓名		班级		学号		组别	
车型		VIN 码		车辆当前行驶里程		购车时间	
是否正常维保		车辆是否出现异常状况		异常出现时间		异常出现里程数	
客户陈述						日期	
1. 故障现象	（1）						
	（2）						
	（3）						
	（4）						

141

续表

2. 故障分析	（1）绘制相关原理图			
	（2）判断可能原因			
3. 故障诊断	（1）诊断实施方案			
		测量条件、工具、对象	实测数据	标准数据
	ON 挡，读取故障码			
	ON 挡，分析数据流			
	Keyless-ECU 供电测量			
	保险 F2/46 输入、输出电压测量			
	保险 F2/46 电阻测量			
	（2）故障诊断实施			
4. 故障反思	结合故障诊断结论，分析故障机理			

（2）Keyless-ECU 供电故障诊断评分表如表 2-4 所示。

表 2-4 Keyless-ECU 供电故障诊断评分表

<table>
<tr><td rowspan="3">基本信息</td><td>姓名</td><td colspan="2"></td><td>学号</td><td colspan="2"></td><td>班级</td><td colspan="2"></td><td>组别</td><td></td></tr>
<tr><td>角色</td><td colspan="9">主修人员□　辅修人员□　工具管理□　零件摆放□
安全监督□　质量检验□　7S 监督□</td></tr>
<tr><td>规定时间</td><td colspan="2"></td><td>完成时间</td><td colspan="2"></td><td>考核日期</td><td colspan="2"></td><td>总评成绩</td><td></td></tr>
<tr><td rowspan="7">考核内容</td><td rowspan="2">序号</td><td colspan="6" rowspan="2">步骤</td><td colspan="2">完成情况</td><td rowspan="2">标准分</td><td rowspan="2">评分</td></tr>
<tr><td>完成</td><td>未完成</td></tr>
<tr><td>1</td><td colspan="6">考核准备：
材料：
工具：
设备：
安全防护：
劳动保护：</td><td></td><td></td><td>10</td><td></td></tr>
<tr><td>2</td><td colspan="6">故障现象确认</td><td></td><td></td><td>10</td><td></td></tr>
<tr><td>3</td><td colspan="6">故障原因分析</td><td></td><td></td><td>15</td><td></td></tr>
<tr><td>4</td><td colspan="6">故障诊断方案制定</td><td></td><td></td><td>10</td><td></td></tr>
<tr><td>5</td><td colspan="6">故障诊断实施</td><td></td><td></td><td>20</td><td></td></tr>
<tr><td>6</td><td colspan="6">故障机理分析</td><td></td><td></td><td>10</td><td></td></tr>
<tr><td>7S 管理</td><td colspan="7">整理、整顿、清扫、清洁、素养、安全、节约</td><td colspan="2"></td><td>10</td><td></td></tr>
<tr><td colspan="2">团队协作</td><td colspan="7"></td><td colspan="2"></td><td>5</td><td></td></tr>
<tr><td colspan="2">沟通表达</td><td colspan="7"></td><td colspan="2"></td><td>5</td><td></td></tr>
<tr><td colspan="2">工单填写</td><td colspan="7"></td><td colspan="2"></td><td>5</td><td></td></tr>
<tr><td colspan="2">教师评语</td><td colspan="10"></td></tr>
</table>

任务 2.3　保险 F2/6 故障诊断

（1）保险 F2/6 故障诊断作业表如表 2-5 所示。

表 2-5　保险 F2/6 故障诊断作业表

姓名		班级		学号		组别	
车型		VIN 码		车辆当前行驶里程		购车时间	
是否正常维保		车辆是否出现异常状况		异常出现时间		异常出现里程数	
客户陈述						日期	
1. 故障现象	（1）						
	（2）						
	（3）						
	（4）						

续表

2. 故障分析	（1）绘制相关原理图			
	（2）判断可能原因			
3. 故障诊断	（1）诊断实施方案			
		测量条件、工具、对象	实测数据	标准数据
	ON 挡，读取故障码			
	ON 挡，分析数据流			
	保险 F2/6 输入、输出端测量			
	保险 F2/6 电阻测量			
	（2）故障诊断实施			
4. 故障反思	结合故障诊断结论，分析故障机理			

（2）保险 F2/6 故障诊断评分表如表 2-6 所示。

表 2-6 保险 F2/6 故障诊断评分表

<table>
<tr><td rowspan="3">基本信息</td><td>姓名</td><td></td><td>学号</td><td></td><td>班级</td><td></td><td>组别</td><td colspan="2"></td></tr>
<tr><td>角色</td><td colspan="8">主修人员□ 辅修人员□ 工具管理□ 零件摆放□
安全监督□ 质量检验□ 7S 监督□</td></tr>
<tr><td>规定时间</td><td></td><td>完成时间</td><td></td><td>考核日期</td><td></td><td>总评成绩</td><td colspan="2"></td></tr>
<tr><td rowspan="8">考核内容</td><td rowspan="2">序号</td><td rowspan="2" colspan="3">步骤</td><td colspan="4">完成情况</td><td rowspan="2">标准分</td><td rowspan="2">评分</td></tr>
<tr><td colspan="2">完成</td><td colspan="2">未完成</td></tr>
<tr><td>1</td><td colspan="6">考核准备：
材料：
工具：
设备：
安全防护：
劳动保护：</td><td>10</td><td></td></tr>
<tr><td>2</td><td colspan="6">故障现象确认</td><td>10</td><td></td></tr>
<tr><td>3</td><td colspan="6">故障原因分析</td><td>15</td><td></td></tr>
<tr><td>4</td><td colspan="6">故障诊断方案制定</td><td>10</td><td></td></tr>
<tr><td>5</td><td colspan="6">故障诊断实施</td><td>20</td><td></td></tr>
<tr><td>6</td><td colspan="6">故障机理分析</td><td>10</td><td></td></tr>
<tr><td>7S 管理</td><td colspan="7">整理、整顿、清扫、清洁、素养、安全、节约</td><td>10</td><td></td></tr>
<tr><td colspan="8">团队协作</td><td>5</td><td></td></tr>
<tr><td colspan="8">沟通表达</td><td>5</td><td></td></tr>
<tr><td colspan="8">工单填写</td><td>5</td><td></td></tr>
<tr><td colspan="10">教师评语</td></tr>
</table>

二、理论测试

（一）填空题

1. 比亚迪 E5-2019 款汽车，当按下车门把手微动开关时，信号传递给（　　　　）。

2. 比亚迪 E5-2019 款汽车，遥控进行解、闭锁，当驾驶员操作遥控钥匙进行解锁时，遥控器向（　　　　）发出一（　　　　），此信号由（　　　　）的高频天线接收。

3. 比亚迪 E5-2019 款汽车，按下车内门锁按钮，发送解、闭锁请求信号给（　　　　）。

4. 比亚迪 E5-2019 款汽车，智能钥匙控制模块通过（　　　　）向车身控制单元 BCM 发送解锁指令。

5. 比亚迪 E5 中央门锁的解、闭锁方式有以下几种：一是（　　　　）；二是可以通过遥控进行解、闭锁；三是可以通过车内门锁按钮进行解、闭锁；四是可以通过（　　　　）解、闭锁。

（二）选择题

1. 比亚迪 E5-2019 款汽车，车门把手微动开信号传递给（　　）。
   A. 智能钥匙控制模块
   B. BCM
   C. VCU
   D. BMS

2. 比亚迪 E5-2019 款汽车，门锁电动机由（　　）控制。
   A. 智能钥匙控制模块
   B. BCM
   C. VCU
   D. BMS

3. 比亚迪 E5-2019 款汽车，按下车内门锁按钮，发送解、闭锁请求信号给（　　）。
   A. 智能钥匙控制模块
   B. BCM
   C. VCU
   D. BMS

4. 比亚迪 E5-2019 款汽车，门锁电动机工作电路中，保险（　　）起保护作用。
   A. F1/1
   B. F2/6
   C. F2/9
   D. F1/10

（三）思考题

1. 试述比亚迪 E5-2019 款汽车有哪些车门解锁的方法。

2. 试述比亚迪 E5-2019 款汽车车门把手微动开关解锁车门的过程。

3. 试补齐图 2-1。

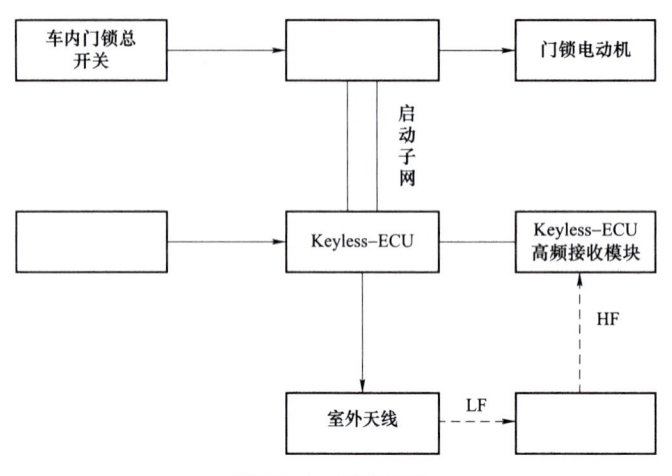

图 2-1 测试题图

项目三　动力模块初始化故障诊断

一、技能操作

任务 3.1　制动开关故障诊断

（1）制动开关故障诊断作业表如表 3-1 所示。

表 3-1　制动开关故障诊断作业表

姓名		班级		学号		组别	
车型		VIN 码		车辆当前行驶里程		购车时间	
是否正常维保		车辆是否出现异常状况		异常出现时间		异常出现里程数	
客户陈述						日期	
1. 故障现象	（1）						
	（2）						
	（3）						
	（4）						

续表

2. 故障分析	（1）绘制相关原理图			
	（2）判断可能原因			
3. 故障诊断	（1）诊断实施方案			
		测量条件、工具、对象	实测数据	标准数据
	ON 挡，读取故障码			
	ON 挡，分析数据流			
	BCM 制动信号输入测量			
	制动开关制动信号输出测量			
	BCM 至制动开关线路电阻测量			
	（2）故障诊断实施			
4. 故障反思	结合故障诊断结论，分析故障机理			

（2）制动开关故障诊断评分表如表3-2所示。

表3-2 制动开关故障诊断评分表

<table>
<tr><td rowspan="3">基本信息</td><td>姓名</td><td colspan="2"></td><td>学号</td><td colspan="2"></td><td>班级</td><td colspan="2"></td><td>组别</td><td></td></tr>
<tr><td>角色</td><td colspan="9">主修人员□ 辅修人员□ 工具管理□ 零件摆放□
安全监督□ 质量检验□ 7S监督□</td></tr>
<tr><td>规定时间</td><td colspan="2"></td><td>完成时间</td><td colspan="2"></td><td>考核日期</td><td colspan="2"></td><td>总评成绩</td><td></td></tr>
<tr><td rowspan="7">考核内容</td><td rowspan="2">序号</td><td colspan="5" rowspan="2">步骤</td><td colspan="3">完成情况</td><td rowspan="2">标准分</td><td rowspan="2">评分</td></tr>
<tr><td colspan="2">完成</td><td>未完成</td></tr>
<tr><td>1</td><td colspan="5">考核准备：
材料：
工具：
设备：
安全防护：
劳动保护：</td><td colspan="3"></td><td>10</td><td></td></tr>
<tr><td>2</td><td colspan="5">故障现象确认</td><td colspan="3"></td><td>10</td><td></td></tr>
<tr><td>3</td><td colspan="5">故障原因分析</td><td colspan="3"></td><td>15</td><td></td></tr>
<tr><td>4</td><td colspan="5">故障诊断方案制定</td><td colspan="3"></td><td>10</td><td></td></tr>
<tr><td>5</td><td colspan="5">故障诊断实施</td><td colspan="3"></td><td>20</td><td></td></tr>
<tr><td>6</td><td colspan="5">故障机理分析</td><td colspan="3"></td><td>10</td><td></td></tr>
<tr><td>7S管理</td><td colspan="6">整理、整顿、清扫、清洁、素养、安全、节约</td><td colspan="3"></td><td>10</td><td></td></tr>
<tr><td colspan="7">团队协作</td><td colspan="3"></td><td>5</td><td></td></tr>
<tr><td colspan="7">沟通表达</td><td colspan="3"></td><td>5</td><td></td></tr>
<tr><td colspan="7">工单填写</td><td colspan="3"></td><td>5</td><td></td></tr>
<tr><td colspan="7">教师评语</td><td colspan="4"></td></tr>
</table>

任务 3.2　起动按钮故障诊断

（1）起动按钮故障诊断作业表如表 3-3 所示。

表 3-3　起动按钮故障诊断作业表

姓名		班级		学号		组别	
车型		VIN 码		车辆当前行驶里程		购车时间	
是否正常维保		车辆是否出现异常状况		异常出现时间		异常出现里程数	
客户陈述						日期	

1. 故障现象	（1）
	（2）
	（3）
	（4）

续表

2. 故障分析	（1）绘制相关原理图			
	（2）判断可能原因			
3. 故障诊断	（1）诊断实施方案			
		测量条件、工具、对象	实测数据	标准数据
	ON 挡，读取故障码			
	ON 挡，分析数据流			
	BCM 侧起动信号测量			
	起动按钮侧起动信号测量			
	起动按钮搭铁线路测量			
	（2）故障诊断实施			
4. 故障反思	结合故障诊断结论，分析故障机理			

（2）起动按钮故障诊断评分表如表3-4所示。

表3-4 起动按钮故障诊断评分表

<table>
<tr><td rowspan="3">基本信息</td><td>姓名</td><td colspan="2"></td><td>学号</td><td colspan="2"></td><td>班级</td><td colspan="2"></td><td>组别</td><td colspan="2"></td></tr>
<tr><td>角色</td><td colspan="10">主修人员□　辅修人员□　工具管理□　零件摆放□
安全监督□　质量检验□　7S监督□</td></tr>
<tr><td>规定时间</td><td colspan="2"></td><td>完成时间</td><td colspan="2"></td><td>考核日期</td><td colspan="2"></td><td>总评成绩</td><td colspan="2"></td></tr>
<tr><td rowspan="8">考核内容</td><td rowspan="2">序号</td><td colspan="5" rowspan="2">步骤</td><td colspan="2">完成情况</td><td rowspan="2" colspan="2">标准分</td><td rowspan="2">评分</td></tr>
<tr><td>完成</td><td>未完成</td></tr>
<tr><td>1</td><td colspan="5">考核准备：
材料：
工具：
设备：
安全防护：
劳动保护：</td><td></td><td></td><td colspan="2">10</td><td></td></tr>
<tr><td>2</td><td colspan="5">故障现象确认</td><td></td><td></td><td colspan="2">10</td><td></td></tr>
<tr><td>3</td><td colspan="5">故障原因分析</td><td></td><td></td><td colspan="2">15</td><td></td></tr>
<tr><td>4</td><td colspan="5">故障诊断方案制定</td><td></td><td></td><td colspan="2">10</td><td></td></tr>
<tr><td>5</td><td colspan="5">故障诊断实施</td><td></td><td></td><td colspan="2">20</td><td></td></tr>
<tr><td>6</td><td colspan="5">故障机理分析</td><td></td><td></td><td colspan="2">10</td><td></td></tr>
<tr><td>7S管理</td><td colspan="6">整理、整顿、清扫、清洁、素养、安全、节约</td><td colspan="3">10</td><td></td></tr>
<tr><td colspan="2">团队协作</td><td colspan="5"></td><td colspan="3">5</td><td></td></tr>
<tr><td colspan="2">沟通表达</td><td colspan="5"></td><td colspan="3">5</td><td></td></tr>
<tr><td colspan="2">工单填写</td><td colspan="5"></td><td colspan="3">5</td><td></td></tr>
<tr><td colspan="2">教师评语</td><td colspan="9"></td></tr>
</table>

任务 3.3　IG3 继电器控制线路故障诊断

（1）IG3 继电器控制线路故障诊断作业表如表 3-5 所示。

表 3-5　IG3 继电器控制线路故障诊断作业表

姓名		班级		学号		组别	
车型		VIN 码		车辆当前行驶里程		购车时间	
是否正常维保		车辆是否出现异常状况		异常出现时间		异常出现里程数	
客户陈述						日期	
1. 故障现象	（1）						
	（2）						
	（3）						
	（4）						

155

续表

2. 故障分析	（1）绘制相关原理图				
	（2）判断可能原因				
3. 故障诊断	（1）诊断实施方案				
	测量条件	测量对象		实测数据	标准数据
	ON 挡，读取故障码				
	ON 挡，分析数据流				
	F1/18、F1/19 对地电压测量				
	IG3 的开关输出端对地电压测量				
	IG3 的开关输入端对地电压测量				
	IG3 的继电器控制供电端、搭铁端测量				
	BCM 的 G2H/1 输出端对地电压测量				
	（2）故障诊断实施				
4. 故障反思	结合故障诊断结论，分析故障机理				

（2）IG3 继电器控制线路故障诊断评分表如表 3-6 所示。

表 3-6　IG3 继电器控制线路故障诊断评分表

<table>
<tr><td rowspan="3">基本信息</td><td>姓名</td><td></td><td>学号</td><td></td><td>班级</td><td></td><td>组别</td><td colspan="2"></td></tr>
<tr><td>角色</td><td colspan="7">主修人员□　辅修人员□　工具管理□　零件摆放□
安全监督□　质量检验□　7S 监督□</td></tr>
<tr><td>规定时间</td><td></td><td>完成时间</td><td></td><td>考核日期</td><td></td><td>总评成绩</td><td colspan="2"></td></tr>
<tr><td rowspan="8">考核内容</td><td rowspan="2">序号</td><td colspan="3" rowspan="2">步骤</td><td colspan="2">完成情况</td><td rowspan="2">标准分</td><td rowspan="2">评分</td></tr>
<tr><td>完成</td><td>未完成</td></tr>
<tr><td>1</td><td colspan="3">考核准备：
材料：
工具：
设备：
安全防护：
劳动保护：</td><td></td><td></td><td>10</td><td></td></tr>
<tr><td>2</td><td colspan="3">故障现象确认</td><td></td><td></td><td>10</td><td></td></tr>
<tr><td>3</td><td colspan="3">故障原因分析</td><td></td><td></td><td>15</td><td></td></tr>
<tr><td>4</td><td colspan="3">故障诊断方案制定</td><td></td><td></td><td>10</td><td></td></tr>
<tr><td>5</td><td colspan="3">故障诊断实施</td><td></td><td></td><td>20</td><td></td></tr>
<tr><td>6</td><td colspan="3">故障机理分析</td><td></td><td></td><td>10</td><td></td></tr>
<tr><td>7S 管理</td><td colspan="4">整理、整顿、清扫、清洁、素养、安全、节约</td><td colspan="2"></td><td>10</td><td></td></tr>
<tr><td colspan="5">团队协作</td><td colspan="2"></td><td>5</td><td></td></tr>
<tr><td colspan="5">沟通表达</td><td colspan="2"></td><td>5</td><td></td></tr>
<tr><td colspan="5">工单填写</td><td colspan="2"></td><td>5</td><td></td></tr>
<tr><td colspan="5">教师评语</td><td colspan="4"></td></tr>
</table>

任务 3.4 VCU 供电故障诊断

（1）VCU 供电故障诊断作业表如表 3-7 所示。

表 3-7　VCU 供电故障诊断作业表

姓名		班级		学号		组别	
车型		VIN 码		车辆当前行驶里程		购车时间	
是否正常维保		车辆是否出现异常状况		异常出现时间		异常出现里程数	
客户陈述						日期	
1. 故障现象	（1）						
	（2）						
	（3）						
	（4）						

续表

2. 故障分析	（1）绘制相关原理图				
	（2）判断可能原因				
3. 故障诊断	（1）诊断实施方案				
		测量条件	测量对象	实测数据	标准数据
		ON 挡，读取故障码			
		ON 挡，分析数据流			
		VCU 供电、搭铁测量			
		保险 F1/18 输入、输出信号测量			
		F1/18 输出侧至 VCU 供电端子之间线路电阻测量			
	（2）故障诊断实施				
4. 故障反思	结合故障诊断结论，分析故障机理				

（2）VCU 供电故障诊断评分表如表 3-8 所示。

表 3-8　VCU 供电故障诊断评分表

<table>
<tr><td rowspan="3">基本信息</td><td>姓名</td><td colspan="2"></td><td>学号</td><td></td><td>班级</td><td></td><td>组别</td><td></td></tr>
<tr><td>角色</td><td colspan="8">主修人员□　辅修人员□　工具管理□　零件摆放□
安全监督□　质量检验□　7S 监督□</td></tr>
<tr><td>规定时间</td><td colspan="3">完成时间</td><td colspan="2">考核日期</td><td colspan="2">总评成绩</td><td></td></tr>
<tr><td rowspan="8">考核内容</td><td rowspan="2">序号</td><td colspan="3" rowspan="2">步骤</td><td colspan="2">完成情况</td><td rowspan="2" colspan="2">标准分</td><td rowspan="2">评分</td></tr>
<tr><td>完成</td><td>未完成</td></tr>
<tr><td>1</td><td colspan="3">考核准备：
材料：
工具：
设备：
安全防护：
劳动保护：</td><td></td><td></td><td colspan="2">10</td><td></td></tr>
<tr><td>2</td><td colspan="3">故障现象确认</td><td></td><td></td><td colspan="2">10</td><td></td></tr>
<tr><td>3</td><td colspan="3">故障原因分析</td><td></td><td></td><td colspan="2">15</td><td></td></tr>
<tr><td>4</td><td colspan="3">故障诊断方案制定</td><td></td><td></td><td colspan="2">10</td><td></td></tr>
<tr><td>5</td><td colspan="3">故障诊断实施</td><td></td><td></td><td colspan="2">20</td><td></td></tr>
<tr><td>6</td><td colspan="3">故障机理分析</td><td></td><td></td><td colspan="2">10</td><td></td></tr>
<tr><td>7S 管理</td><td colspan="4">整理、整顿、清扫、清洁、素养、安全、节约</td><td colspan="2"></td><td colspan="2">10</td><td></td></tr>
<tr><td colspan="5">团队协作</td><td colspan="2"></td><td colspan="2">5</td><td></td></tr>
<tr><td colspan="5">沟通表达</td><td colspan="2"></td><td colspan="2">5</td><td></td></tr>
<tr><td colspan="5">工单填写</td><td colspan="2"></td><td colspan="2">5</td><td></td></tr>
<tr><td colspan="5">教师评语</td><td colspan="5"></td></tr>
</table>

任务 3.5　BMS 的常电故障诊断

（1）BMS 的常电故障诊断作业表如表 3-9 所示。

表 3-9　BMS 的常电故障诊断作业表

姓名		班级		学号		组别	
车型		VIN 码		车辆当前行驶里程		购车时间	
是否正常维保		车辆是否出现异常状况		异常出现时间		异常出现里程数	
客户陈述						日期	
1. 故障现象	（1）						
	（2）						
	（3）						
	（4）						

续表

2. 故障分析	（1）绘制相关原理图				
	（2）判断可能原因				
3. 故障诊断	（1）诊断实施方案				
	测量条件	测量对象		实测数据	标准数据
	ON 挡，读取故障码				
	ON 挡，分析数据流				
	BMS 供电端子、搭铁端子对地电压测量				
	保险 F1/7 输入、输出侧对地电压测量				
	保险 F1/7 电阻测量				
	（2）故障诊断实施				
4. 故障反思	结合故障诊断结论，分析故障机理				

（2）BMS 的常电故障诊断评分表如表 3-10 所示。

表 3-10　BMS 的常电故障诊断评分表

<table>
<tr><td rowspan="3">基本信息</td><td>姓名</td><td></td><td>学号</td><td></td><td>班级</td><td></td><td>组别</td><td></td></tr>
<tr><td>角色</td><td colspan="7">主修人员□　辅修人员□　工具管理□　零件摆放□
安全监督□　质量检验□　7S 监督□</td></tr>
<tr><td>规定时间</td><td></td><td>完成时间</td><td></td><td>考核日期</td><td></td><td>总评成绩</td><td></td></tr>
<tr><td rowspan="7">考核内容</td><td rowspan="2">序号</td><td rowspan="2" colspan="2">步骤</td><td colspan="2">完成情况</td><td rowspan="2">标准分</td><td rowspan="2" colspan="2">评分</td></tr>
<tr><td>完成</td><td>未完成</td></tr>
<tr><td>1</td><td colspan="3">考核准备：
材料：
工具：
设备：
安全防护：
劳动保护：</td><td>10</td><td colspan="2"></td></tr>
<tr><td>2</td><td colspan="3">故障现象确认</td><td>10</td><td colspan="2"></td></tr>
<tr><td>3</td><td colspan="3">故障原因分析</td><td>15</td><td colspan="2"></td></tr>
<tr><td>4</td><td colspan="3">故障诊断方案制定</td><td>10</td><td colspan="2"></td></tr>
<tr><td>5</td><td colspan="3">故障诊断实施</td><td>20</td><td colspan="2"></td></tr>
<tr><td>6</td><td colspan="3">故障机理分析</td><td>10</td><td colspan="2"></td></tr>
<tr><td>7S 管理</td><td colspan="4">整理、整顿、清扫、清洁、素养、安全、节约</td><td colspan="2"></td><td>10</td><td colspan="2"></td></tr>
<tr><td colspan="2">团队协作</td><td colspan="5"></td><td>5</td><td colspan="2"></td></tr>
<tr><td colspan="2">沟通表达</td><td colspan="5"></td><td>5</td><td colspan="2"></td></tr>
<tr><td colspan="2">工单填写</td><td colspan="5"></td><td>5</td><td colspan="2"></td></tr>
<tr><td colspan="2">教师评语</td><td colspan="8"></td></tr>
</table>

任务 3.6　充配电总成供电故障诊断

(1) 充配电总成的供电故障诊断作业表如表 3-11 所示。

表 3-11　充配电总成的供电故障诊断作业表

姓名		班级		学号		组别	
车型		VIN 码		车辆当前行驶里程		购车时间	
是否正常维保		车辆是否出现异常状况		异常出现时间		异常出现里程数	
客户陈述						日期	
1. 故障现象	（1）						
	（2）						
	（3）						
	（4）						

续表

2. 故障分析	（1）绘制相关原理图				
	（2）判断可能原因				
3. 故障诊断	（1）诊断实施方案				
	测量条件	测量对象		实测数据	标准数据
	ON 挡，读取故障码				
	ON 挡，分析数据流				
	充配电总成供电端子、搭铁端子对地电压测量				
	保险 F1/6 输入、输出侧对地电压测量				
	保险 F1/6 电阻测量				
	（2）故障诊断实施				
4. 故障反思	结合故障诊断结论，分析故障机理				

（2）充配电总成的供电故障诊断评分表如表3-12所示。

表3-12 充配电总成的供电故障诊断评分表

<table>
<tr><td rowspan="3">基本信息</td><td>姓名</td><td colspan="2"></td><td>学号</td><td></td><td>班级</td><td></td><td>组别</td><td colspan="2"></td></tr>
<tr><td>角色</td><td colspan="9">主修人员□ 辅修人员□ 工具管理□ 零件摆放□
安全监督□ 质量检验□ 7S监督□</td></tr>
<tr><td>规定时间</td><td colspan="2"></td><td>完成时间</td><td></td><td>考核日期</td><td></td><td>总评成绩</td><td colspan="2"></td></tr>
<tr><td rowspan="8">考核内容</td><td colspan="2" rowspan="2">序号</td><td colspan="3" rowspan="2">步骤</td><td colspan="2">完成情况</td><td rowspan="2">标准分</td><td colspan="2" rowspan="2">评分</td></tr>
<tr><td>完成</td><td>未完成</td></tr>
<tr><td colspan="2">1</td><td colspan="3">考核准备：
材料：
工具：
设备：
安全防护：
劳动保护：</td><td colspan="2"></td><td>10</td><td colspan="2"></td></tr>
<tr><td colspan="2">2</td><td colspan="3">故障现象确认</td><td colspan="2"></td><td>10</td><td colspan="2"></td></tr>
<tr><td colspan="2">3</td><td colspan="3">故障原因分析</td><td colspan="2"></td><td>15</td><td colspan="2"></td></tr>
<tr><td colspan="2">4</td><td colspan="3">故障诊断方案制定</td><td colspan="2"></td><td>10</td><td colspan="2"></td></tr>
<tr><td colspan="2">5</td><td colspan="3">故障诊断实施</td><td colspan="2"></td><td>20</td><td colspan="2"></td></tr>
<tr><td colspan="2">6</td><td colspan="3">故障机理分析</td><td colspan="2"></td><td>10</td><td colspan="2"></td></tr>
<tr><td>7S管理</td><td colspan="2">整理、整顿、清扫、清洁、素养、安全、节约</td><td colspan="5"></td><td>10</td><td colspan="2"></td></tr>
<tr><td colspan="3">团队协作</td><td colspan="5"></td><td>5</td><td colspan="2"></td></tr>
<tr><td colspan="3">沟通表达</td><td colspan="5"></td><td>5</td><td colspan="2"></td></tr>
<tr><td colspan="3">工单填写</td><td colspan="5"></td><td>5</td><td colspan="2"></td></tr>
<tr><td colspan="3">教师评语</td><td colspan="8"></td></tr>
</table>

任务 3.7　电机控制器供电故障诊断

（1）电机控制器供电故障诊断作业表如表 3-13 所示。

表 3-13　电机控制器供电故障诊断作业表

姓名		班级		学号		组别	
车型		VIN 码		车辆当前行驶里程		购车时间	
是否正常维保		车辆是否出现异常状况		异常出现时间		异常出现里程数	
客户陈述						日期	

1. 故障现象	（1）	
	（2）	
	（3）	
	（4）	

167

续表

2. 故障分析	（1）绘制相关原理图				
	（2）判断可能原因				
3. 故障诊断	（1）诊断实施方案				
	测量条件	测量对象		实测数据	标准数据
	ON 挡，读取故障码				
	ON 挡，分析数据流				
	电机控制器的供电输入测量				
	保险 F1/18 输入、输出侧信号测量				
	保险 F1/18 输出侧至 MCU 供电端子线路电阻测量				
	（2）故障诊断实施				
4. 故障反思	结合故障诊断结论，分析故障机理				

（2）电机控制器供电故障诊断评分表如表 3-14 所示。

表 3-14 电机控制器供电故障诊断评分表

<table>
<tr><td rowspan="3">基本信息</td><td>姓名</td><td></td><td>学号</td><td></td><td>班级</td><td></td><td>组别</td><td></td></tr>
<tr><td>角色</td><td colspan="7">主修人员□　辅修人员□　工具管理□　零件摆放□
安全监督□　质量检验□　7S 监督□</td></tr>
<tr><td>规定时间</td><td colspan="2"></td><td>完成时间</td><td></td><td>考核日期</td><td>总评成绩</td><td></td></tr>
<tr><td rowspan="8">考核内容</td><td rowspan="2">序号</td><td colspan="4" rowspan="2">步骤</td><td colspan="2">完成情况</td><td rowspan="2">标准分</td><td rowspan="2">评分</td></tr>
<tr><td>完成</td><td>未完成</td></tr>
<tr><td>1</td><td colspan="4">考核准备：
材料：
工具：
设备：
安全防护：
劳动保护：</td><td colspan="2"></td><td>10</td><td></td></tr>
<tr><td>2</td><td colspan="4">故障现象确认</td><td colspan="2"></td><td>10</td><td></td></tr>
<tr><td>3</td><td colspan="4">故障原因分析</td><td colspan="2"></td><td>15</td><td></td></tr>
<tr><td>4</td><td colspan="4">故障诊断方案制定</td><td colspan="2"></td><td>10</td><td></td></tr>
<tr><td>5</td><td colspan="4">故障诊断实施</td><td colspan="2"></td><td>20</td><td></td></tr>
<tr><td>6</td><td colspan="4">故障机理分析</td><td colspan="2"></td><td>10</td><td></td></tr>
<tr><td>7S 管理</td><td colspan="5">整理、整顿、清扫、清洁、素养、安全、节约</td><td colspan="2"></td><td>10</td><td></td></tr>
<tr><td colspan="6">团队协作</td><td colspan="2"></td><td>5</td><td></td></tr>
<tr><td colspan="6">沟通表达</td><td colspan="2"></td><td>5</td><td></td></tr>
<tr><td colspan="6">工单填写</td><td colspan="2"></td><td>5</td><td></td></tr>
<tr><td colspan="9">教师评语</td></tr>
</table>

二、理论测试

（一）填空题

1. 比亚迪 E5-2019 款汽车，当踩下制动踏板时，车身控制器 BCM 的 G2E/11 端子（12 V 制动信号）的对地电压信号为（　　　　）。

2. 比亚迪 E5-2019 款汽车，起动按钮信号线路有（　　）条，其信号电压：未按起动按钮时为（　　）V，按下起动按钮时变为（　　）V。

3. 比亚迪 E5-2019 款汽车，低压供电的核心继电器是（　　　　）、（　　　　）。

4. IG3 继电器开关电路闭合后负责给（　　　　）、（　　　　）、（　　　　）等控制模块供电，控制电路受控于（　　　　）。

5. 比亚迪 E5-2019 款汽车，高压上电需完成模块自检，其主要模块包括（　　　　）、（　　　　）、（　　　　）、（　　　　）。

（二）选择题

1. 下列说法正确的是（　　）。
   A. 比亚迪 E5-2019 款汽车，按下起动按钮时，信号电压由 0 V 变为 12 V。
   B. 比亚迪 E5-2019 款汽车，起动按钮信号线路有 2 条。
   C. 比亚迪 E5-2019 款汽车，起动按钮信号线路中 1 条发生故障，起动按钮将失效。
   D. 比亚迪 E5-2019 款汽车，只按下起动按钮不会起动钥匙认证。

2. 比亚迪 E5-2019 款汽车，其 IG3 继电器是受控于（　　）。
   A. BMS　　　　B. VCU　　　　C. BCM　　　　D. MCU

3. 比亚迪 E5-2019 款汽车，起动过程中，仪表点亮但无 SOC 显示，那么故障原因最有可能是（　　）。
   A. VCU 本身或线路故障　　　　B. MCU 本身或线路故障
   C. BMS 本身或线路故障　　　　D. OBC 本身或线路故障

4. 比亚迪 E5-2019 款汽车，踩下制动踏板，按下起动按钮，其钥匙指示灯都不点亮，其故障原因为（　　）。
   A. VCU 本身或线路故障　　　　B. MCU 本身或线路故障
   C. BMS 本身或线路故障　　　　D. IKLESS-ECU 本身或线路故障

（三）思考题

1. 简述比亚迪 E5-2019 款汽车低压上电的钥匙认证过程。
2. 根据比亚迪 E5-2019 款汽车电路图，画出比亚迪 E5-2019 款汽车起动按钮原理图。
3. 根据比亚迪 E5-2019 款汽车电路图，画出比亚迪 E5-2019 款汽车制动开关原理图。
4. 根据比亚迪 E5-2019 款汽车电路图，画出 IG3 继电器的控制原理框图。

项目四　整车通信线路故障诊断

一、技能操作

任务 4.1　网关控制器供电故障诊断

（1）网关控制器供电故障诊断作业表如表 4-1 所示。

表 4-1　网关控制器供电故障诊断作业表

姓名		班级		学号		组别	
车型		VIN 码		车辆当前行驶里程		购车时间	
是否正常维保		车辆是否出现异常状况		异常出现时间		异常出现里程数	
客户陈述						日期	
1. 故障现象	（1）						
	（2）						
	（3）						
	（4）						

171

续表

2. 故障分析	（1）绘制相关原理图				
	（2）判断可能原因				
3. 故障诊断	（1）诊断实施方案				
	测量条件	测量对象		实测数据	标准数据
	ON 挡，读取故障码				
	ON 挡，分析数据流				
	网关控制器的供电与搭铁测量				
	保险 F2/46、F2/33 的工作电压测量				
	保险 F2/46－G19/16 端子之间线路、保险 F2/33－G19/12 端子之间线路测量				
	（2）故障诊断实施				
4. 故障反思	结合故障诊断结论，分析故障机理				

（2）网关控制器供电故障诊断评分表如表 4-2 所示。

表 4-2 网关控制器供电故障诊断评分表

基本信息	姓名		学号		班级		组别	
	角色	主修人员□　辅修人员□　工具管理□　零件摆放□ 安全监督□　质量检验□　7S 监督□						
	规定时间		完成时间		考核日期		总评成绩	

考核内容	序号	步骤	完成情况		标准分	评分
			完成	未完成		
	1	考核准备： 材料： 工具： 设备： 安全防护： 劳动保护：			10	
	2	故障现象确认			10	
	3	故障原因分析			15	
	4	故障诊断方案制定			10	
	5	故障诊断实施			20	
	6	故障机理分析			10	
7S 管理	整理、整顿、清扫、清洁、素养、安全、节约				10	
团队协作					5	
沟通表达					5	
工单填写					5	
教师评语						

任务 4.2　动力电池电池子网故障诊断

（1）动力电池电池子网故障诊断作业表如表 4-3 所示。

表 4-3　动力电池电池子网故障诊断作业表

姓名		班级		学号		组别	
车型		VIN 码		车辆当前行驶里程		购车时间	
是否正常维保		车辆是否出现异常状况		异常出现时间		异常出现里程数	
客户陈述						日期	

1. 故障现象	（1）
	（2）
	（3）
	（4）

续表

2. 故障分析	（1）绘制相关原理图				
	（2）判断可能原因				
3. 故障诊断	（1）诊断实施方案				
	测量条件	测量对象		实测数据	标准数据
	ON挡，读取故障码				
	ON挡，分析数据流				
	测量电池子网CAN-L波形				
	测量电池子网CAN-H波形				
	测量电池子网CAN-H线路的电阻				
	（2）故障诊断实施				
4. 故障反思	结合故障诊断结论，分析故障机理				

（2）动力电池电池子网故障诊断评分表如表 4–4 所示。

表 4–4　动力电池电池子网故障诊断评分表

<table>
<tr><td rowspan="4">基本信息</td><td>姓名</td><td></td><td>学号</td><td></td><td>班级</td><td></td><td>组别</td><td colspan="2"></td></tr>
<tr><td>角色</td><td colspan="8">主修人员□　辅修人员□　工具管理□　零件摆放□
安全监督□　质量检验□　7S 监督□</td></tr>
<tr><td>规定时间</td><td></td><td>完成时间</td><td></td><td colspan="2">考核日期</td><td></td><td colspan="2">总评成绩</td></tr>
</table>

<table>
<tr><td rowspan="8">考核内容</td><td rowspan="2">序号</td><td rowspan="2">步骤</td><td colspan="2">完成情况</td><td rowspan="2">标准分</td><td rowspan="2">评分</td></tr>
<tr><td>完成</td><td>未完成</td></tr>
<tr><td>1</td><td>考核准备：
材料：
工具：
设备：
安全防护：
劳动保护：</td><td></td><td></td><td>10</td><td></td></tr>
<tr><td>2</td><td>故障现象确认</td><td></td><td></td><td>10</td><td></td></tr>
<tr><td>3</td><td>故障原因分析</td><td></td><td></td><td>15</td><td></td></tr>
<tr><td>4</td><td>故障诊断方案制定</td><td></td><td></td><td>10</td><td></td></tr>
<tr><td>5</td><td>故障诊断实施</td><td></td><td></td><td>20</td><td></td></tr>
<tr><td>6</td><td>故障机理分析</td><td></td><td></td><td>10</td><td></td></tr>
<tr><td>7S 管理</td><td colspan="2">整理、整顿、清扫、清洁、素养、安全、节约</td><td colspan="2"></td><td>10</td><td></td></tr>
<tr><td colspan="2">团队协作</td><td colspan="3"></td><td>5</td><td></td></tr>
<tr><td colspan="2">沟通表达</td><td colspan="3"></td><td>5</td><td></td></tr>
<tr><td colspan="2">工单填写</td><td colspan="3"></td><td>5</td><td></td></tr>
<tr><td colspan="2">教师评语</td><td colspan="4"></td></tr>
</table>

任务 4.3　舒适 CAN 故障诊断

（1）舒适 CAN 故障诊断作业表如表 4-5 所示。

表 4-5　舒适 CAN 故障诊断作业表

姓名		班级		学号		组别	
车型		VIN 码		车辆当前行驶里程		购车时间	
是否正常维保		车辆是否出现异常状况		异常出现时间		异常出现里程数	
客户陈述						日期	
1. 故障现象	（1）						
	（2）						
	（3）						
	（4）						

续表

2. 故障分析	（1）绘制相关原理图				
	（2）判断可能原因				
3. 故障诊断	（1）诊断实施方案				
		测量条件	测量对象	实测数据	标准数据
		ON 挡，读取故障码			
		ON 挡，分析数据流			
		舒适 CAN-L 波形测量			
		舒适 CAN-H 波形测量			
	（2）故障诊断实施				
4. 故障反思	结合故障诊断结论，分析故障机理				

（2）舒适 CAN 故障诊断评分表如表 4-6 所示。

表 4-6　舒适 CAN 故障诊断评分表

<table>
<tr><td rowspan="3">基本信息</td><td>姓名</td><td></td><td>学号</td><td colspan="2"></td><td>班级</td><td></td><td>组别</td><td colspan="2"></td></tr>
<tr><td>角色</td><td colspan="9">主修人员□　辅修人员□　工具管理□　零件摆放□
安全监督□　质量检验□　7S 监督□</td></tr>
<tr><td>规定时间</td><td></td><td colspan="2">完成时间</td><td colspan="2"></td><td>考核日期</td><td></td><td>总评成绩</td><td></td></tr>
<tr><td rowspan="7">考核内容</td><td rowspan="2">序号</td><td colspan="3" rowspan="2">步骤</td><td colspan="3">完成情况</td><td rowspan="2">标准分</td><td rowspan="2">评分</td></tr>
<tr><td colspan="2">完成</td><td>未完成</td></tr>
<tr><td>1</td><td colspan="3">考核准备：
材料：
工具：
设备：
安全防护：
劳动保护：</td><td colspan="2"></td><td></td><td>10</td><td></td></tr>
<tr><td>2</td><td colspan="3">故障现象确认</td><td colspan="2"></td><td></td><td>10</td><td></td></tr>
<tr><td>3</td><td colspan="3">故障原因分析</td><td colspan="2"></td><td></td><td>15</td><td></td></tr>
<tr><td>4</td><td colspan="3">故障诊断方案制定</td><td colspan="2"></td><td></td><td>10</td><td></td></tr>
<tr><td>5</td><td colspan="3">故障诊断实施</td><td colspan="2"></td><td></td><td>20</td><td></td></tr>
<tr><td>6</td><td colspan="3">故障机理分析</td><td colspan="2"></td><td></td><td>10</td><td></td></tr>
<tr><td>7S 管理</td><td colspan="2">整理、整顿、清扫、清洁、素养、安全、节约</td><td colspan="6"></td><td>10</td><td></td></tr>
<tr><td colspan="3">团队协作</td><td colspan="6"></td><td>5</td><td></td></tr>
<tr><td colspan="3">沟通表达</td><td colspan="6"></td><td>5</td><td></td></tr>
<tr><td colspan="3">工单填写</td><td colspan="6"></td><td>5</td><td></td></tr>
<tr><td colspan="3">教师评语</td><td colspan="8"></td></tr>
</table>

二、理论测试

（一）填空题

1. CAN 是（　　　　　）的简称，是由德国 BOSCH 公司开发的，并最终成为国际标准（ISO 11898）。

2. 为了避免信号反射，在 2 个 CAN 总线用户上分别连接一个（　　　　）的终端电阻，两个终端电阻并联，并构成一个（　　　　）的等效电阻。

3. 高速 CAN 正常时，万用表测量电压值分别是：CAN-H（　　　）V、CAN-L（　　　）V；高速 CAN 正常时，示波器测量波形是：CAN-H（　　　）变化、CAN-L（　　　）变化。

4. 比亚迪 E5 整车 CAN 总线包括（　　　　）、（　　　　）、启动子网 CAN 总线、动力电池子网 CAN 及 BIC 子网 CAN 总线和（　　　　）等。

5. 新能源电动汽车在传统的车辆上增加了（　　　　）、VCU、（　　　　）、（　　　　）、电动空调控制器等控制模块。

（二）选择题

1. 下列说法正确的是（　　　）。
    A. 比亚迪 E5-2019 款汽车，CAN-H 对地短路时，故障波形为 12 V 电压直线。
    B. 比亚迪 E5-2019 款汽车，CAN-H 对地短路时，故障波形为 0 V 电压直线。
    C. 比亚迪 E5-2019 款汽车，CAN-H 对地短路时，故障波形为 2.5~3.5 V 变化波形。
    D. 比亚迪 E5-2019 款汽车，CAN-H 对地短路时，故障波形为 2.5~1.5 V 变化波形。

2. 比亚迪 E5-2019 款汽车，舒适 CAN 正常时，示波器测量波形为（　　　）。
    A. 12 V 电压直线
    B. 0 V 电压直线
    C. 2.5~3.5 V 变化波形
    D. 2.5~1.5 V 变化波形

3. 比亚迪 E5-2019 款汽车，启动子网 CAN 总线主要连接（　　　）。
    A. BCM、Keyless-ECU
    B. MCU、BCM
    C. BMS、MCU
    D. OBC、MCU

4. 比亚迪 E5-2019 款汽车，动力电池子网 CAN 以及 BIC 子网 CAN 总线主要连接（　　　）。
    A. BMS、电池通信转换模块、电池信息采集器 BIC
    B. MCU、BMS、VCU
    C. BMS、VCU
    D. IKLESS-ECU、BMS、MCU

（三）思考题

1. 试画出比亚迪 E5-2019 款汽车整车网络拓扑图。
2. 简述高速 CAN 总线的测量过程。
3. 简述高速 CAN 总线常见的故障类型及故障波形分析。
4. 根据比亚迪 E5-2019 款汽车电路图，试分析动力电池子网故障的诊断分析。

项目五　高压互锁故障诊断

一、技能操作

任务　高压互锁故障诊断

(1) 高压互锁故障诊断作业表如表 5-1 所示。

表 5-1　高压互锁故障诊断作业表

姓名		班级		学号		组别	
车型		VIN 码		车辆当前行驶里程		购车时间	
是否正常维保		车辆是否出现异常状况		异常出现时间		异常出现里程数	
客户陈述						日期	
1. 故障现象	(1)						
	(2)						
	(3)						
	(4)						

续表

2. 故障分析	（1）绘制相关原理图				
	（2）判断可能原因				
3. 故障诊断	（1）诊断实施方案				
	测量条件	测量对象		实测数据	标准数据
	ON 挡，读取故障码				
	ON 挡，分析数据流				
	电池控制器 BMS 互锁电路反馈信号测量				
	电池控制器 BMS 互锁电路输出信号测量				
	充配电总成互锁电路输出信号测量				
	充配电总成至电池控制器 BMS 之间互锁线路电阻测量				
	（2）故障诊断实施				
4. 故障反思	结合故障诊断结论，分析故障机理				

（2）高压互锁故障诊断评分表如表 5-2 所示。

表 5-2 高压互锁故障诊断评分表

基本信息	姓名		学号		班级		组别	
	角色		主修人员□ 辅修人员□ 工具管理□ 零件摆放□ 安全监督□ 质量检验□ 7S 监督□
	规定时间		完成时间		考核日期		总评成绩	

	序号	步骤	完成情况		标准分	评分
			完成	未完成		
考核内容	1	考核准备： 材料： 工具： 设备： 安全防护： 劳动保护：			10	
	2	故障现象确认			10	
	3	故障原因分析			15	
	4	故障诊断方案制定			10	
	5	故障诊断实施			20	
	6	故障机理分析			10	
7S 管理	整理、整顿、清扫、清洁、素养、安全、节约				10	
团队协作					5	
沟通表达					5	
工单填写					5	
教师评语						

二、理论测试

（一）填空题

1. 高压互锁（High Voltage Inter_Lock，HVIL），是纯电动汽车上一种利用（　　　）监测高压回路完整性的安全设计措施。高压互锁的作用在于高压互锁回路接通或断开的同时，电池控制器接收反馈信号，进而控制高压电路的通断。

2. 比亚迪 E5－2019 款汽车高压互锁电路有（　　　）回路。

3. 比亚迪 E5－2019 款汽车高压互锁回路 2 的主要连接部件有（　　　）和（　　　）。

4. 比亚迪 E5－2019 款汽车高压互锁检测信号是由（　　　）的输出端发出，在正常情况下使用示波器测量高压互锁回路 1 和高压互锁回路 2 中的任意一点，都应该有（　　　）的占空比波形信号。

5. 按照高压互锁线路的信号特点，目前可将其分为（　　　）、（　　　）两种。

（二）选择题

1. 下列说法正确的是（　　　）。
   A. 比亚迪 E5－2019 款汽车高压互锁检测信号由 OBC 发出
   B. 比亚迪 E5－2019 款汽车高压互锁检测信号由 BMS 发出
   C. 比亚迪 E5－2019 款汽车高压互锁检测信号由 VCU 发出
   D. 比亚迪 E5－2019 款汽车高压互锁检测信号由 MCU 发出

2. 下列没有高压互锁线路的是（　　　）。
   A. BMS　　　　B. MCU　　　　C. 充配电总成　　　　D. 差速器

3. 下列会造成高压互锁锁止的是（　　　）。
   A. 高压插接件虚接　　　　B. 蓄电池电压过低
   C. 电机过热　　　　D. 以上都会

4. 比亚迪 E5－2019 款汽车高压互锁回路 2 的主要连接部件是（　　　）。
   A. BMS 和充配电总成　　　　B. MCU、BMS
   C. BMS、VCU　　　　D. IKLESS－ECU、BMS

（三）思考题

1. 试画出比亚迪 E5－2019 款汽车高压互锁连接图。
2. 简述高压互锁的作用。
3. 根据高压互锁线路的信号特点，简述高压互锁的分类及特点。
4. 根据比亚迪 E5－2019 款汽车电路图，试分析高压互锁回路 2 故障的诊断分析过程。

项目六　预充失败故障诊断

一、技能操作

任务 6.1　BMS 的主负接触器控制故障诊断

（1）BMS 的主负接触器控制故障诊断作业表如表 6-1 所示。

表 6-1　BMS 的主负接触器控制故障诊断作业表

姓名		班级		学号		组别	
车型		VIN 码		车辆当前行驶里程		购车时间	
是否正常维保		车辆是否出现异常状况		异常出现时间		异常出现里程数	
客户陈述						日期	
1. 故障现象	（1）						
	（2）						
	（3）						
	（4）						

续表

2. 故障分析	（1）绘制相关原理图				
	（2）判断可能原因				
3. 故障诊断	（1）诊断实施方案				
	测量条件	测量对象		实测数据	标准数据
	ON 挡，读取故障码				
	ON 挡，分析数据流				
	测量动力电池包主负继电器控制信号				
	测量电池管理器主负继电器控制信号				
	测量电池管理器插接器 BK45A/29 端子到电池包插接器 BK51/13 端子的电阻				
	（2）故障诊断实施				
4. 故障反思	结合故障诊断结论，分析故障机理				

（2）BMS 的主负接触器控制故障诊断评分表如表 6-2 所示。

表 6-2　BMS 的主负接触器控制故障诊断评分表

<table>
<tr><td rowspan="3">基本信息</td><td>姓名</td><td colspan="2"></td><td>学号</td><td colspan="2"></td><td>班级</td><td></td><td>组别</td><td></td></tr>
<tr><td>角色</td><td colspan="9">主修人员□　辅修人员□　工具管理□　零件摆放□
安全监督□　质量检验□　7S 监督□</td></tr>
<tr><td>规定时间</td><td colspan="3">完成时间</td><td colspan="2"></td><td>考核日期</td><td></td><td>总评成绩</td><td></td></tr>
<tr><td rowspan="7">考核内容</td><td rowspan="2">序号</td><td colspan="5" rowspan="2">步骤</td><td colspan="2">完成情况</td><td rowspan="2">标准分</td><td rowspan="2">评分</td></tr>
<tr><td>完成</td><td>未完成</td></tr>
<tr><td>1</td><td colspan="5">考核准备：
材料：
工具：
设备：
安全防护：
劳动保护：</td><td colspan="2"></td><td>10</td><td></td></tr>
<tr><td>2</td><td colspan="5">故障现象确认</td><td colspan="2"></td><td>10</td><td></td></tr>
<tr><td>3</td><td colspan="5">故障原因分析</td><td colspan="2"></td><td>15</td><td></td></tr>
<tr><td>4</td><td colspan="5">故障诊断方案制定</td><td colspan="2"></td><td>10</td><td></td></tr>
<tr><td>5</td><td colspan="5">故障诊断实施</td><td colspan="2"></td><td>20</td><td></td></tr>
<tr><td>6</td><td colspan="5">故障机理分析</td><td colspan="2"></td><td>10</td><td></td></tr>
<tr><td>7S 管理</td><td colspan="6">整理、整顿、清扫、清洁、素养、安全、节约</td><td colspan="2"></td><td>10</td><td></td></tr>
<tr><td colspan="7">团队协作</td><td colspan="2"></td><td>5</td><td></td></tr>
<tr><td colspan="7">沟通表达</td><td colspan="2"></td><td>5</td><td></td></tr>
<tr><td colspan="7">工单填写</td><td colspan="2"></td><td>5</td><td></td></tr>
<tr><td colspan="10">教师评语</td></tr>
</table>

任务 6.2　BMS 的预充接触器控制故障诊断

（1）BMS 的预充接触器控制故障诊断作业表如表 6-3 所示。

表 6-3　BMS 的预充接触器控制故障诊断作业表

姓名		班级		学号		组别	
车型		VIN 码		车辆当前行驶里程		购车时间	
是否正常维保		车辆是否出现异常状况		异常出现时间		异常出现里程数	
客户陈述						日期	
1. 故障现象	（1）							
	（2）						
	（3）						
	（4）						

续表

2. 故障分析	（1）绘制相关原理图				
	（2）判断可能原因				
3. 故障诊断	（1）诊断实施方案				
	测量条件	测量对象		实测数据	标准数据
	ON 挡，读取故障码				
	ON 挡，分析数据流				
	测量动力电池包预充继电器控制信号				
	测量电池管理器预充继电器控制信号				
	测量电池管理器插接器 BK45A/21 端子到电池包插接器 BK51/28 端子的电阻				
	（2）故障诊断实施				
4. 故障反思	结合故障诊断结论，分析故障机理				

（2）BMS 的预充接触器控制故障诊断评分表如表 6-4 所示。

表 6-4　BMS 的预充接触器控制故障诊断评分表

<table>
<tr><td rowspan="3">基本信息</td><td>姓名</td><td></td><td>学号</td><td></td><td>班级</td><td></td><td>组别</td><td></td></tr>
<tr><td>角色</td><td colspan="7">主修人员□　辅修人员□　工具管理□　零件摆放□
安全监督□　质量检验□　7S 监督□</td></tr>
<tr><td>规定时间</td><td></td><td>完成时间</td><td></td><td>考核日期</td><td></td><td>总评成绩</td><td></td></tr>
<tr><td rowspan="7">考核内容</td><td rowspan="2">序号</td><td rowspan="2" colspan="2">步骤</td><td colspan="2">完成情况</td><td rowspan="2">标准分</td><td rowspan="2" colspan="2">评分</td></tr>
<tr><td>完成</td><td>未完成</td></tr>
<tr><td>1</td><td colspan="2">考核准备：
材料：
工具：
设备：
安全防护：
劳动保护：</td><td></td><td></td><td>10</td><td colspan="2"></td></tr>
<tr><td>2</td><td colspan="2">故障现象确认</td><td></td><td></td><td>10</td><td colspan="2"></td></tr>
<tr><td>3</td><td colspan="2">故障原因分析</td><td></td><td></td><td>15</td><td colspan="2"></td></tr>
<tr><td>4</td><td colspan="2">故障诊断方案制定</td><td></td><td></td><td>10</td><td colspan="2"></td></tr>
<tr><td>5</td><td colspan="2">故障诊断实施</td><td></td><td></td><td>20</td><td colspan="2"></td></tr>
<tr><td>6</td><td colspan="2">故障机理分析</td><td></td><td></td><td>10</td><td colspan="2"></td></tr>
<tr><td>7S 管理</td><td colspan="3">整理、整顿、清扫、清洁、素养、安全、节约</td><td colspan="3"></td><td>10</td><td></td></tr>
<tr><td colspan="4">团队协作</td><td colspan="3"></td><td>5</td><td></td></tr>
<tr><td colspan="4">沟通表达</td><td colspan="3"></td><td>5</td><td></td></tr>
<tr><td colspan="4">工单填写</td><td colspan="3"></td><td>5</td><td></td></tr>
<tr><td colspan="4">教师评语</td><td colspan="4"></td></tr>
</table>

任务 6.3　BMS 的 IG3 供电故障诊断

（1）BMS 的 IG3 供电故障诊断作业表如表 6-5 所示。

表 6-5　BMS 的 IG3 供电故障诊断作业表

姓名		班级		学号		组别	
车型		VIN 码		车辆当前行驶里程		购车时间	
是否正常维保		车辆是否出现异常状况		异常出现时间		异常出现里程数	
客户陈述						日期	
1. 故障现象	（1）						
	（2）						
	（3）						
	（4）						

191

续表

2. 故障分析	（1）绘制相关原理图				
	（2）判断可能原因				
3. 故障诊断	（1）诊断实施方案				
	测量条件	测量对象		实测数据	标准数据
	ON 挡，读取故障码				
	ON 挡，分析数据流				
	测量预充接触器供电、控制电路				
	电池控制器 IG 电源测量				
	测量保险 F1/18 的工作电压				
	测量保险 F1/18 输出端到电池控制器 BMS 的 BK45B/8 端子之间的线路电阻				
	（2）故障诊断实施				
4. 故障反思	结合故障诊断结论，分析故障机理				

（2）BMS 的 IG3 供电故障诊断评分表如表 6–6 所示。

表 6–6　BMS 的 IG3 供电故障诊断评分表

<table>
<tr><td rowspan="3">基本信息</td><td>姓名</td><td colspan="2"></td><td>学号</td><td colspan="2"></td><td>班级</td><td></td><td>组别</td><td colspan="2"></td></tr>
<tr><td>角色</td><td colspan="9">主修人员□　辅修人员□　工具管理□　零件摆放□
安全监督□　质量检验□　7S 监督□</td></tr>
<tr><td>规定时间</td><td colspan="3">完成时间</td><td colspan="3">考核日期</td><td colspan="2">总评成绩</td><td></td></tr>
<tr><td rowspan="7">考核内容</td><td rowspan="2">序号</td><td colspan="4" rowspan="2">步骤</td><td colspan="3">完成情况</td><td rowspan="2">标准分</td><td rowspan="2">评分</td></tr>
<tr><td colspan="2">完成</td><td>未完成</td></tr>
<tr><td>1</td><td colspan="4">考核准备：
材料：
工具：
设备：
安全防护：
劳动保护：</td><td colspan="3"></td><td>10</td><td></td></tr>
<tr><td>2</td><td colspan="4">故障现象确认</td><td colspan="3"></td><td>10</td><td></td></tr>
<tr><td>3</td><td colspan="4">故障原因分析</td><td colspan="3"></td><td>15</td><td></td></tr>
<tr><td>4</td><td colspan="4">故障诊断方案制定</td><td colspan="3"></td><td>10</td><td></td></tr>
<tr><td>5</td><td colspan="4">故障诊断实施</td><td colspan="3"></td><td>20</td><td></td></tr>
<tr><td>6</td><td colspan="4">故障机理分析</td><td colspan="3"></td><td>10</td><td></td></tr>
<tr><td>7S 管理</td><td colspan="5">整理、整顿、清扫、清洁、素养、安全、节约</td><td colspan="3"></td><td>10</td><td></td></tr>
<tr><td colspan="6">团队协作</td><td colspan="3"></td><td>5</td><td></td></tr>
<tr><td colspan="6">沟通表达</td><td colspan="3"></td><td>5</td><td></td></tr>
<tr><td colspan="6">工单填写</td><td colspan="3"></td><td>5</td><td></td></tr>
<tr><td colspan="6">教师评语</td><td colspan="5"></td></tr>
</table>

二、理论测试

（一）填空题

1. 比亚迪 E5－2019 款汽车，当 BCM 同时监测到（　　　　）和（　　　　）后，即发出 WAKE－UP 信号，然后 BCM 接通 ACC、IG（IG1、IG2、IC3、IG4）继电器，整车进入低压上电及低压检测模式，同时唤醒所有 CAN 总线。

2. 目前纯电动轿车的低压电源一般由（　　　　　）提供，不仅要为低压控制系统供电，还需为转向助力电动机、刮水器电动机、安全气囊及后视镜调节电动机等提供电源。

3. 比亚迪 E5－2019 款汽车，主负、预充、主正接触器的控制受控于（　　　　）。

4. 车辆预充电状态，是由于电动机及高压线路中包含容性、感性元件，为防止（　　　　）对这些元件造成冲击，主负接触器闭合后检测成功，先闭合预充继电器，车辆进入预充电状态。

5. 比亚迪 E5－2019 款汽车，动力电池内部有 3 个接触器，分别为（　　　　）、（　　　　）、（　　　　）。

（二）选择题

1. 比亚迪 E5－2019 款汽车，整车完成低压上电及低压检测模式，同时唤醒所有 CAN 总线后，BMS 首先闭合（　　）。

   A. 主负接触器　　　B. 主正接触器　　　C. 预充接触器　　　D. 同时控制 ABC

2. 比亚迪 E5－2019 款汽车，预充过程中，预充接触器的正常控制信号为（　　）。

   A. 12 V－0 V　　　　　　　　　　　B. 0 V－12 V
   C. 12 V－0 V－12 V　　　　　　　　D. 12 V 不变

3. 为保证低压蓄电池能持续为整年控制系统供电，低压蓄电池要有充电电源，而（　　）即可满足此需求。

   A. DC－DC 直流转换器　　　　　　B. OBC
   C. BMS　　　　　　　　　　　　　D. MCU

4. 当预充电阻两端电压达到母线电压的（　　）时，BMS 闭合主接触器。

   A. 100%　　　B. 90%　　　C. 50%　　　D. 70%

（三）思考题

1. 试简述比亚迪 E5－2019 款汽车高压上电控制原理。
2. 简述预充接触器的作用。
3. 简述比亚迪 E5－2019 款汽车三个接触器控制信号的特点。

项目七 车辆无法行驶故障诊断

任务 7.1 加速踏板故障诊断

(1) 加速踏板故障诊断作业表如表 7-1 所示。

表 7-1 加速踏板故障诊断作业表

姓名		班级		学号		组别	
车型		VIN 码		车辆当前行驶里程		购车时间	
是否正常维保		车辆是否出现异常状况		异常出现时间		异常出现里程数	
客户陈述						日期	
1. 故障现象	(1)						
	(2)						
	(3)						
	(4)						

续表

2. 故障分析	（1）绘制相关原理图				
	（2）判断可能原因				
3. 故障诊断	（1）诊断实施方案				
	测量条件	测量对象		实测数据	标准数据
	ON 挡，读取故障码				
	ON 挡，分析数据流				
	测量加速踏板侧踏板深度电源 1、踏板深度 1 的状态				
	测量整车控制器输出供电状态				
	测量整车控制器 BK49/23 端子至加速踏板插接器 BG44/3 端子之间的电阻				
	（2）故障诊断实施				
4. 故障反思	结合故障诊断结论，分析故障机理				

（2）加速踏板故障诊断评分表如表7-2所示。

表7-2 加速踏板故障诊断评分表

<table>
<tr><td rowspan="3">基本信息</td><td>姓名</td><td colspan="2"></td><td>学号</td><td colspan="2"></td><td>班级</td><td></td><td>组别</td><td></td></tr>
<tr><td>角色</td><td colspan="9">主修人员□　辅修人员□　工具管理□　零件摆放□
安全监督□　质量检验□　7S监督□</td></tr>
<tr><td>规定时间</td><td colspan="2"></td><td>完成时间</td><td colspan="2"></td><td>考核日期</td><td></td><td>总评成绩</td><td></td></tr>
<tr><td rowspan="7">考核内容</td><td rowspan="2">序号</td><td colspan="3" rowspan="2">步骤</td><td colspan="4">完成情况</td><td rowspan="2">标准分</td><td rowspan="2">评分</td></tr>
<tr><td colspan="2">完成</td><td colspan="2">未完成</td></tr>
<tr><td>1</td><td colspan="6">考核准备：
材料：
工具：
设备：
安全防护：
劳动保护：</td><td>10</td><td></td></tr>
<tr><td>2</td><td colspan="6">故障现象确认</td><td>10</td><td></td></tr>
<tr><td>3</td><td colspan="6">故障原因分析</td><td>15</td><td></td></tr>
<tr><td>4</td><td colspan="6">故障诊断方案制定</td><td>10</td><td></td></tr>
<tr><td>5</td><td colspan="6">故障诊断实施</td><td>20</td><td></td></tr>
<tr><td colspan="2">7S管理</td><td colspan="8">整理、整顿、清扫、清洁、素养、安全、节约</td><td>10</td><td></td></tr>
<tr><td colspan="2">6</td><td colspan="6">故障机理分析</td><td>10</td><td></td></tr>
<tr><td colspan="4">团队协作</td><td colspan="6"></td><td>5</td><td></td></tr>
<tr><td colspan="4">沟通表达</td><td colspan="6"></td><td>5</td><td></td></tr>
<tr><td colspan="4">工单填写</td><td colspan="6"></td><td>5</td><td></td></tr>
<tr><td colspan="4">教师评语</td><td colspan="7"></td></tr>
</table>

任务 7.2　真空压力传感器故障诊断

（1）真空压力传感器故障诊断作业表如表 7–3 所示。

表 7–3　真空压力传感器故障诊断作业表

姓名		班级		学号		组别	
车型		VIN 码		车辆当前行驶里程		购车时间	
是否正常维保		车辆是否出现异常状况		异常出现时间		异常出现里程数	
客户陈述						日期	
1. 故障现象	（1）							
	（2）						
	（3）						
	（4）						

续表

2. 故障分析	（1）绘制相关原理图				
	（2）判断可能原因				
3. 故障诊断	（1）诊断实施方案				
		测量条件	测量对象	实测数据	标准数据
		ON 挡，读取故障码			
		ON 挡，分析数据流			
		测量真空压力传感器的供电、搭铁状态			
		测量整车控制器输出供电状态			
		测量整车控制器 BK49/11 端子至真空压力传感器插接器 BA31/1 端子之间的电阻			
	（2）故障诊断实施				
4. 故障反思	结合故障诊断结论，分析故障机理				

（2）真空压力传感器故障诊断评分表如表 7-4 所示。

表 7-4 真空压力传感器故障诊断评分表

<table>
<tr><td rowspan="3">基本信息</td><td>姓名</td><td colspan="2"></td><td>学号</td><td colspan="2"></td><td>班级</td><td></td><td>组别</td><td colspan="2"></td></tr>
<tr><td>角色</td><td colspan="9">主修人员□ 辅修人员□ 工具管理□ 零件摆放□
安全监督□ 质量检验□ 7S 监督□</td></tr>
<tr><td>规定时间</td><td colspan="3">完成时间</td><td colspan="3">考核日期</td><td colspan="2">总评成绩</td><td></td></tr>
<tr><td rowspan="7">考核内容</td><td rowspan="2">序号</td><td colspan="4" rowspan="2">步骤</td><td colspan="3">完成情况</td><td rowspan="2">标准分</td><td rowspan="2">评分</td></tr>
<tr><td colspan="2">完成</td><td>未完成</td></tr>
<tr><td>1</td><td colspan="4">考核准备：
材料：
工具：
设备：
安全防护：
劳动保护：</td><td colspan="3"></td><td>10</td><td></td></tr>
<tr><td>2</td><td colspan="4">故障现象确认</td><td colspan="3"></td><td>10</td><td></td></tr>
<tr><td>3</td><td colspan="4">故障原因分析</td><td colspan="3"></td><td>15</td><td></td></tr>
<tr><td>4</td><td colspan="4">故障诊断方案制定</td><td colspan="3"></td><td>10</td><td></td></tr>
<tr><td>5</td><td colspan="4">故障诊断实施</td><td colspan="3"></td><td>20</td><td></td></tr>
<tr><td>6</td><td colspan="4">故障机理分析</td><td colspan="3"></td><td>10</td><td></td></tr>
<tr><td>7S 管理</td><td colspan="5">整理、整顿、清扫、清洁、素养、安全、节约</td><td colspan="3"></td><td>10</td><td></td></tr>
<tr><td colspan="6">团队协作</td><td colspan="3"></td><td>5</td><td></td></tr>
<tr><td colspan="6">沟通表达</td><td colspan="3"></td><td>5</td><td></td></tr>
<tr><td colspan="6">工单填写</td><td colspan="3"></td><td>5</td><td></td></tr>
<tr><td colspan="6">教师评语</td><td colspan="5"></td></tr>
</table>

项目七
车辆无法行驶故障诊断

任务 7.3 　制动开关信号故障诊断

（1）制动开关信号故障诊断作业表如表 7–5 所示。

表 7–5 　制动开关信号故障诊断作业表

姓名		班级		学号		组别	
车型		VIN 码		车辆当前行驶里程		购车时间	
是否正常维保		车辆是否出现异常状况		异常出现时间		异常出现里程数	
客户陈述						日期	
1. 故障现象	（1）							
^	（2）							
^	（3）							
^	（4）							

201

续表

2. 故障分析	（1）绘制相关原理图				
	（2）判断可能原因				
3. 故障诊断	（1）诊断实施方案				
	测量条件	测量对象		实测数据	标准数据
	ON挡，读取故障码				
	ON挡，分析数据流				
	测量整车控制器制动开关信号输入侧信号				
	测量制动灯开关的输出信号				
	测量整车控制器BK49/15端子至制动灯开关G28/3端子之间的电阻				
	（2）故障诊断实施				
4. 故障反思	结合故障诊断结论，分析故障机理				

（2）制动开关信号故障诊断评分表如表 7-6 所示。

表 7-6 制动开关信号故障诊断评分表

基本信息	姓名		学号		班级		组别		
	角色	主修人员□　辅修人员□　工具管理□　零件摆放□ 安全监督□　质量检验□　7S 监督□							
	规定时间		完成时间			考核日期		总评成绩	

	序号	步骤	完成情况		标准分	评分
			完成	未完成		
考核内容	1	考核准备： 材料： 工具： 设备： 安全防护： 劳动保护：			10	
	2	故障现象确认			10	
	3	故障原因分析			15	
	4	故障诊断方案制定			10	
	5	故障诊断实施			20	
	6	故障机理分析			10	
7S 管理	整理、整顿、清扫、清洁、素养、安全、节约				10	
团队协作					5	
沟通表达					5	
工单填写					5	
教师评语						

任务 7.4 挡位传感器故障诊断

（1）挡位传感器故障诊断作业表如表 7-7 所示。

表 7-7 挡位传感器故障诊断作业表

姓名		班级		学号		组别	
车型		VIN 码		车辆当前行驶里程		购车时间	
是否正常维保		车辆是否出现异常状况		异常出现时间		异常出现里程数	
客户陈述						日期	

1. 故障现象	（1）	
	（2）	
	（3）	
	（4）	

续表

2. 故障分析	（1）绘制相关原理图 （2）判断可能原因
3. 故障诊断	（1）诊断实施方案 | 测量条件	测量对象	实测数据	标准数据
---	---	---	---
ON 挡，读取故障码			
ON 挡，分析数据流			
测量挡位传感器的供电、搭铁状态			
测量保险 F2/33 供电状态			
测量 BCM 的 G2D/27 端子至挡位传感器插接器 G39/5 端子之间的电阻				 （2）故障诊断实施
4. 故障反思	结合故障诊断结论，分析故障机理

（2）挡位传感器故障诊断评分表如表7–8所示。

表7–8 挡位传感器故障诊断评分表

<table>
<tr><td rowspan="3">基本信息</td><td>姓名</td><td colspan="2"></td><td>学号</td><td colspan="2"></td><td>班级</td><td></td><td>组别</td><td></td></tr>
<tr><td>角色</td><td colspan="9">主修人员□　辅修人员□　工具管理□　零件摆放□
安全监督□　质量检验□　7S监督□</td></tr>
<tr><td>规定时间</td><td colspan="2"></td><td>完成时间</td><td colspan="2"></td><td>考核日期</td><td></td><td>总评成绩</td><td></td></tr>
<tr><td rowspan="8">考核内容</td><td rowspan="2">序号</td><td colspan="4" rowspan="2">步骤</td><td colspan="3">完成情况</td><td rowspan="2">标准分</td><td rowspan="2">评分</td></tr>
<tr><td colspan="2">完成</td><td>未完成</td></tr>
<tr><td>1</td><td colspan="4">考核准备：
材料：
工具：
设备：
安全防护：
劳动保护：</td><td colspan="3"></td><td>10</td><td></td></tr>
<tr><td>2</td><td colspan="4">故障现象确认</td><td colspan="3"></td><td>10</td><td></td></tr>
<tr><td>3</td><td colspan="4">故障原因分析</td><td colspan="3"></td><td>15</td><td></td></tr>
<tr><td>4</td><td colspan="4">故障诊断方案制定</td><td colspan="3"></td><td>10</td><td></td></tr>
<tr><td>5</td><td colspan="4">故障诊断实施</td><td colspan="3"></td><td>20</td><td></td></tr>
<tr><td>6</td><td colspan="4">故障机理分析</td><td colspan="3"></td><td>10</td><td></td></tr>
<tr><td>7S管理</td><td colspan="5">整理、整顿、清扫、清洁、素养、安全、节约</td><td colspan="3"></td><td>10</td><td></td></tr>
<tr><td colspan="6">团队协作</td><td colspan="3"></td><td>5</td><td></td></tr>
<tr><td colspan="6">沟通表达</td><td colspan="3"></td><td>5</td><td></td></tr>
<tr><td colspan="6">工单填写</td><td colspan="3"></td><td>5</td><td></td></tr>
<tr><td colspan="6">教师评语</td><td colspan="4"></td></tr>
</table>

二、理论测试

（一）填空题

1. 电动汽车整车分为两种工作模式：（　　　　）、（　　　　）。车辆在运行过程中，控制模块周期执行整车模式判断。其中，（　　　　）优先于（　　　　）。

2. 比亚迪 E5-2019 款汽车，在整车行驶模式中，（　　　　）将进行整车的动力输出控制。

3. 在整车行驶模式中，紧急故障工况将导致车辆（　　　　　　）。

4. 整车控制器通过（　　　　　　）来判断当前的整车工况。

5. 动力电池的（　　　　　）可能导致电动汽车限制扭矩输出。

（二）选择题

1. 能够提高电动汽车行驶里程的是（　　）。
   A. 怠速工况　　　B. 加速工况　　　C. 能量回收工况　　D. 跛行工况

2. 下列有关电动汽车说法正确的是（　　）。
   A. 行驶模式优先于充电模式　　　　B. 充电模式优先于行驶模式
   C. 电动汽车充电过程中可正常起动　　D. 以上说法都不对

3. 整车控制器根据（　　）信号判断电机正转/反转。
   A. 加速踏板　　B. 制动踏板　　C. 挡位传感器　　D. 车速

4. 可能导致电动汽车限制扭矩输出的是（　　）。
   A. 动力 CAN 故障　　　　　　　　B. 高压互锁故障
   C. 动力电池绝缘故障（严重）　　　D. 驱动电机温度异常

（三）思考题

1. 试简述比亚迪 E5-2019 款汽车整车行驶模式常见的整车工况有哪些。

2. 简述哪些情况会导致电动汽车限制扭矩输出。

3. 简述比亚迪 E5-2019 款汽车加速踏板的工作原理。

4. 简述比亚迪 E5-2019 款汽车挡位传感器的工作原理。

项目八　无法充电故障诊断

任务 8.1　充电枪连接 CC 信号故障诊断

（1）CC 信号故障诊断作业表如表 8-1 所示。

表 8-1　CC 信号故障诊断作业表

姓名		班级		学号		组别	
车型		VIN 码		车辆当前行驶里程		购车时间	
是否正常维保		车辆是否出现异常状况		异常出现时间		异常出现里程数	
客户陈述						日期	
1. 故障现象	（1）						
	（2）						
	（3）						
	（4）						

续表

2. 故障分析	（1）绘制相关原理图				
	（2）判断可能原因				
3. 故障诊断	（1）诊断实施方案				
		测量条件	测量对象	实测数据	标准数据
		ON 挡，读取故障码			
		ON 挡，分析数据流			
		检测充电枪 CC-PE 电阻			
		测量充电口侧 CC 信号输入			
		测量充配电总成 CC 信号输出			
		测量充配电总成插接器 B74/4 端子至充电口 CC 端子电阻值			
	（2）故障诊断实施				
4. 故障反思	结合故障诊断结论，分析故障机理				

（2）CC 信号故障诊断评分表如表 8-2 所示。

表 8-2 CC 信号故障诊断评分表

<table>
<tr><td rowspan="3">基本信息</td><td>姓名</td><td colspan="2"></td><td>学号</td><td colspan="2"></td><td>班级</td><td></td><td>组别</td><td></td></tr>
<tr><td>角色</td><td colspan="8">主修人员□ 辅修人员□ 工具管理□ 零件摆放□
安全监督□ 质量检验□ 7S 监督□</td></tr>
<tr><td>规定时间</td><td colspan="3">完成时间</td><td colspan="2"></td><td>考核日期</td><td>总评成绩</td><td colspan="2"></td></tr>
<tr><td rowspan="7">考核内容</td><td rowspan="2">序号</td><td colspan="3" rowspan="2">步骤</td><td colspan="4">完成情况</td><td rowspan="2">标准分</td><td rowspan="2">评分</td></tr>
<tr><td colspan="2">完成</td><td colspan="2">未完成</td></tr>
<tr><td>1</td><td colspan="6">考核准备：
材料：
工具：
设备：
安全防护：
劳动保护：</td><td>10</td><td></td></tr>
<tr><td>2</td><td colspan="6">故障现象确认</td><td>10</td><td></td></tr>
<tr><td>3</td><td colspan="6">故障原因分析</td><td>15</td><td></td></tr>
<tr><td>4</td><td colspan="6">故障诊断方案制定</td><td>10</td><td></td></tr>
<tr><td>5</td><td colspan="6">故障诊断实施</td><td>20</td><td></td></tr>
<tr><td>6</td><td colspan="6">故障机理分析</td><td>10</td><td></td></tr>
<tr><td>7S 管理</td><td colspan="8">整理、整顿、清扫、清洁、素养、安全、节约</td><td>10</td><td></td></tr>
<tr><td colspan="9">团队协作</td><td>5</td><td></td></tr>
<tr><td colspan="9">沟通表达</td><td>5</td><td></td></tr>
<tr><td colspan="9">工单填写</td><td>5</td><td></td></tr>
<tr><td colspan="11">教师评语</td></tr>
</table>

任务 8.2　充电连接信号 CP 故障诊断

（1）CP 信号故障诊断作业表如表 8-3 所示。

表 8-3　CP 信号故障诊断作业表

姓名		班级		学号		组别	
车型		VIN 码		车辆当前行驶里程		购车时间	
是否正常维保		车辆是否出现异常状况		异常出现时间		异常出现里程数	
客户陈述						日期	
1. 故障现象	（1）						
	（2）						
	（3）						
	（4）						

续表

2. 故障分析	（1）绘制相关原理图				
	（2）判断可能原因				
3. 故障诊断	（1）诊断实施方案				
	测量条件	测量对象		实测数据	标准数据
	ON 挡，读取故障码				
	ON 挡，分析数据流				
	检测充电枪 CP 信号端子对地电压				
	检测充配电总成侧 CP 信号				
	检测充电口侧 CP 信号				
	检测充电口 B53（B）/1 端子至充配电总成 B74/5 端子之间线路电阻				
	（2）故障诊断实施				
4. 故障反思	结合故障诊断结论，分析故障机理				

（2）CP 信号故障诊断评分表如表 8-4 所示。

表 8-4 CP 信号故障诊断评分表

<table>
<tr><td rowspan="3">基本信息</td><td>姓名</td><td colspan="2"></td><td>学号</td><td colspan="2"></td><td>班级</td><td></td><td>组别</td><td></td></tr>
<tr><td>角色</td><td colspan="8">主修人员□ 辅修人员□ 工具管理□ 零件摆放□
安全监督□ 质量检验□ 7S 监督□</td></tr>
<tr><td>规定时间</td><td colspan="2"></td><td>完成时间</td><td colspan="2"></td><td>考核日期</td><td></td><td>总评成绩</td><td></td></tr>
<tr><td rowspan="8">考核内容</td><td rowspan="2">序号</td><td colspan="4" rowspan="2">步骤</td><td colspan="3">完成情况</td><td rowspan="2">标准分</td><td rowspan="2">评分</td></tr>
<tr><td colspan="2">完成</td><td>未完成</td></tr>
<tr><td>1</td><td colspan="6">考核准备：
材料：
工具：
设备：
安全防护：
劳动保护：</td><td>10</td><td></td></tr>
<tr><td>2</td><td colspan="6">故障现象确认</td><td>10</td><td></td></tr>
<tr><td>3</td><td colspan="6">故障原因分析</td><td>15</td><td></td></tr>
<tr><td>4</td><td colspan="6">故障诊断方案制定</td><td>10</td><td></td></tr>
<tr><td>5</td><td colspan="6">故障诊断实施</td><td>20</td><td></td></tr>
<tr><td>6</td><td colspan="6">故障机理分析</td><td>10</td><td></td></tr>
<tr><td>7S
管理</td><td colspan="7">整理、整顿、清扫、清洁、素养、安全、节约</td><td>10</td><td></td></tr>
<tr><td colspan="2">团队协作</td><td colspan="7"></td><td>5</td><td></td></tr>
<tr><td colspan="2">沟通表达</td><td colspan="7"></td><td>5</td><td></td></tr>
<tr><td colspan="2">工单填写</td><td colspan="7"></td><td>5</td><td></td></tr>
<tr><td colspan="2">教师评语</td><td colspan="8"></td></tr>
</table>

二、理论测试

（一）填空题

1. 电动汽车充电方式主要包含（　　　　）和（　　　　）两种。
2. 电动汽车充电系统主要由充电桩、充电插口、（　　　　　　）、动力电池、（　　　　　　）及高压导线组成。
3. 在电动汽车和充电供电设备建立电气连接后，高压充配电总成通过测量（　　　　）与 PE 之间的电阻（电压）值来判断当前充电连接装置的额定容量和连接状态。
4. 供电设备接通交流电源后，交流供电设备根据（　　　　　　）的 9 V 电压判断供电设备与车辆已连接，供电设备也进入准备阶段。
5. 比亚迪 E5-2019 款汽车，（　　　　　　）通过充电连接信号线将 CC（充电枪连接确认）信号反馈给 BMS（电池控制器），BMS 通过充电枪连接提示线通知仪表点亮充电连接指示灯。

（二）选择题

1. 电动汽车交流充电模式，若测得充电枪侧 CC 与 PE 间电阻为 1.5 kΩ，则说明充电设备输出电流为（　　）。
   A. 10 A　　　B. 16 A　　　C. 32 A　　　D. 63 A
2. 电动汽车交流慢充是指使用（　　），借助车载充电机，通过整流升压，转换为高压直流电给动力电池进行充电。
   A. 直流 220 V 单相电　　　　　B. 交流 220 V 单相电
   C. 交流 380 V 三相电　　　　　D. 直流 380 V 三相电
3. 电动汽车交流充电车辆接口和供电接口分别包含 7 对触头，分别是 CC、（　　）、N、L1、L2、L3 和 PE。
   A. CA　　　B. AP　　　C. CP　　　D. DC
4. 固定安装在汽车上，将公共电网的电能变换为车载储能装置所要求的直流电，并给车载储能装置充电的设备叫作（　　）。
   A. DC/DC 变换器　　B. 车载充电机　　C. 电机控制器　　D. 电池控制器

（三）思考题

1. 试简述比亚迪 E5-2019 款汽车交流充电过程中 CC 信号的作用。
2. 试简述比亚迪 E5-2019 款汽车交流充电过程中 CP 信号的作用。
3. 简述比亚迪 E5-2019 款汽车充电过程中充电指示灯点亮原理。
4. 试画出比亚迪 E5-2019 款汽车交流充电低压配电图。